THE HAVING

The Having

最高
致富秘密

THE HAVING

*The Secret Art of Feeling and
Growing Rich*

李叙玧 | 洪宙妍 ——— 著

牛世竣 ——— 譯

Contents

序言

「她註定是要讓人們變富有的女人。」

這句話在我腦中迴盪。目前正飛往歐洲，去見人稱「財富導師」的李叙玧。飛機窗外是一望無際的群山，大概正在亞洲大陸上空。我父親去世前花光了畢生積蓄，在死前還對我耳提面命，懇求我找到不用犧牲當下的方式致富。在我過去當記者的生涯中，知道唯有這位導師能給我答案。我望向窗外，自問：「當我見到她後……我也能致富嗎？」

心靈導師、洞察女皇、聖者、希望綠洲、命運瞭望者……別人幫她取的外號多到數不清，簡直是《權力遊戲》裡的龍母。而這些外號指向的是一位三十幾歲漂亮又迷人的女子——李叙玧。她從六歲就開始了終生志業，畢生致力研究致富的秘密，十幾歲就替許多富人提供諮詢服務，二十多歲就已經在諸多商業大亨、房地產集團、投資界中樹立自己的名聲。聽說光是要聽取她的建議就要等上一年多，總統候選人和全球企業領袖都會徵求她的意見。她研究超過十萬多個有錢人的案例，透過分析找到了發財的秘密。

報紙上對她的報導令人印象深刻。傳統上，中國商人要做生意前，會替彼此占卜。叙玖的祖母曾和中國商人有織品生意上的往來，也跟他們學了占命的方法，還幫自己許多孫子算命。驚訝地發現叙玖很不簡單，這位六歲的小孫女有驚人的天賦，能替人帶來財富和幸運，並說：「這小孩註定會讓許多人富有，治癒人們的心靈。」

　　經過這麼久的時間，我突然開始擔心。要是叙玖跟我說，現在的世界已經關閉發財的道路，叫我不要再作夢時，該怎麼辦？或是她給我的建言不管用，甚至讓我更糟呢？又會不會我誤解她的意思，她並不是真的要我去找她？

　　為了不讓自己胡思亂想，我打開頭頂上的燈，拿出筆記本寫下見面時要問的問題。

　　要怎樣才能致富？
　　如果有機會，我也能變有錢嗎？
　　我什麼時候可以成為富人？
　　我會有多少財富？

　　有沒有無須犧牲當下生活的致富方式？
　　此時，飛機正在下降，我手腳也跟著機身輕顫。
　　「我不知道，但我想我的人生將會改變。」

我父親生前最喜歡小黃魚了。手掌大小又鹹又乾的魚，大約三百五十韓元十條，節慶時才會拿出來吃。每次問父親最喜歡吃什麼，他總是說小黃魚。然後會沉浸在兒時的記憶，曾經在親戚家嚐過的鹹鹹味道，不久後又會再述說他滾瓜爛熟的小故事。

　　「很久以前，有個小氣鬼很愛吃小黃魚。有天他發財了，也仍捨不得吃這昂貴的佳餚，所以他把一條魚掛在天花板上，吃一口白飯看一眼黃魚，嘴裡說著：『啊……好鹹啊。』就這樣日復一日，最後那條魚一口也沒吃到就腐爛了。」

　　你也許會覺得這故事是要告訴我們，盡可能享受當下。不，父親之所以會牢記這故事，是因為他很欣賞那小氣的守財奴。他教導我們，錢就是用來存的，必須限制花費。

　　我們家小時候的家訓是：「省一分錢就是賺一分錢。」吃飯的時候父親也不允許我們剩下一粒米、一滴湯，也不能花一分錢買糖，衛生紙一次不能使用超過三張，連洗澡都要注意不能浪費水。我父親對這樣的節約引以為傲，就算他財力負擔得起，也不願意買最愛的黃魚來吃。

　　父親在二次世界大戰結束那一年出生在韓國首爾。一九五〇年爆發朝鮮戰爭，家裡一貧如洗，祖父為了逃避兵役躲了起來，找食物的工作落在當時六歲的父親和他哥哥身上。白天時兄弟倆會在街上賣冰淇淋賺錢，晚上會偷偷到街道上收集穀皮和穀粒。父親那時只靠很稀的粥填肚子，幾乎快餓死了。但少吃一餐還好，要是冰淇淋賣不出去那才麻煩，回到家會被斥責。

從那時候他就一直擔心錢的問題。他晚年時也常說道：「我寧願死，也不要窮。」對年幼時的父親來講，沒錢意味著飢餓、恐懼，甚至死亡。

　　他小時候的某個晚上餓到哭，哭著哭著就睡著了，後來，他被某個聲音吵醒……

　　「對不起，讓你挨餓了，真的很抱歉。」

　　祖父握著父親的手，那張因飢餓而削瘦的臉，像小孩一樣哭得涕淚縱橫。

　　父親在述說那段往事時，老臉也緩緩滲出淚水，這讓我更難過了。

　　父親小時候就非常勤奮。他有四個兄弟，他是五人中唯一大學畢業的，曾在韓國重工業公司擔任工程師一職。七、八〇年代相關產業的經濟起飛，父親跟其他人一樣，時常週末也要加班工作。不管他再怎麼忙，總是說照顧我跟弟弟能讓他充飽再拚工作的動力。身為一家之主，他任勞任怨、竭盡全力，從沒讓我們因飢餓而哭泣過。

　　他還分享了他對錢的看法。他告訴我：「人隨時都可能破產，落得身無分文，亂花錢會毀了妳一生。錢是用來存，不是用來花的。」

　　他退休時生活算過得去，買了房子，有了人壽保險，也負擔得起出國的旅費，孩子們在經濟上都獨立了。可是父親總

是擔心有一天錢會不夠用，時時警惕自己亂花錢的下場。

他晚年生活很簡單，早上醒來做點運動，在電腦上下下圍棋，然後去老人福利中心吃免費午餐，下午到河邊散步。他幾乎不消費，所以當他的朋友們去打高爾夫或是出國時，他都不參加。父親唯一的愛好是健行，一個禮拜兩次，一大早就穿上健走鞋出門。他總說：「沒有什麼比健走更省錢的了，只要一雙強壯的雙腳，和一個水瓶。」

我父親盡可能不去理會天氣變化。在連奶油都能融化的高溫堅持不開空調；天氣冷的時候也是，他會穿上毛衣和外套，不願使用暖氣；刷牙洗臉的水會收集起來沖馬桶，水費能省則省。

父親另一個嗜好是撿別人不要的東西，他會從垃圾堆或是空屋裡搜集衣服、鞋子、家具和電器用品。父親家有一個房間堆滿了雜物，像是個舊貨商店。但那裡對他來講像是個寶箱。每次他打開那房間門，那張七十歲的老臉都會漾出孩童般的笑容。

這樣的日子，在突如其來的某天發生了改變。

父親去醫院做檢查，醫生面無表情地告知：「是胰腺癌，已經擴散了，我們沒什麼能做的了。」

父親聽到後嚇得腦袋一片空白。他語無倫次，結結巴巴地問：「那……我……還剩……多久……」

甚至說不出最後那一個字。

醫生迴避父親的眼光，含糊地回應：「很難說，每個人不一樣。以你的情況，通常是三到六個月。」

父親拖著身體走出醫院。八月的陽光燦爛，世界充滿生機，街上人們來來往往，講電話的講電話，玩耍的玩耍。但父親的世界已經停滯不前，他茫然地遊蕩好幾個小時；等到回過神來，手機裡已經有二十幾通母親的未接來電。他虛弱地按下通話鍵，遲疑地說：「我得了癌症，胰腺癌。」

聽到父親罹癌的消息，我驚慌失措。這輩子沒見過他生過病，連感冒都沒有。對我來講，父親像磐石般堅強，像山一樣巨大，不敢相信這樣的人會說離開就離開。我能做什麼？我幫得上忙嗎？我第一個想到的就是小黃魚：父親最愛的魚，但他一直捨不得吃。我跑到一家雜貨店尋找黃魚時，止不住的淚水像從胃裡湧出一樣。

為什麼自己會這麼蠢，非得到最後關頭，才買父親最喜歡的食物給他；過去我有多少機會？

不幸的是，這是我買給他第一份，也是最後一份小黃魚。母親把菜飯端上桌，但父親連十條中的半條都吃不完。癌細胞擴散速度極快，連他的胃口都佔據了。

就算他病倒，都沒放棄他的金錢觀——堅持住在一間六張床的癌症病房裡。因為有醫療險，這張床一天花不到十美元。同寢的人發出噪音，他會戴耳塞閉上眼睛。那裡沒有電視可看，而且還很難跟家人交談。不管母親怎麼懇求要他搬到單人病房，他都堅決不答應。

他在醫院裡一天比一天虛弱。瘦到只剩皮包骨了，雙腳還水腫。有一天他似乎預感到是時候了，拉著我的手跟我說話。

「我這一輩子都想要發財，所以不斷存錢，但到頭來卻沒有變得富有。回顧過去，我好後悔。為了擔心錢不夠，錯失很多美好的時刻……忘掉所有我講過關於節儉的事，不要浪費力氣在儲蓄上，去找到真正發財的路，去找到我沒找到的答案。」

這是我成年來，父親第一次握我的手。小時候輕易就把我舉起來的手，現在乾瘦得像根木柴。

「爸，我發誓，我會找到的。我不會讓你這輩子白活。」

然後我說了我這輩子一直想說但從沒說過的話，「爸爸，我愛你。」

他茫然地望著天花板，但我能看到他眼眶裡的淚水。

他在一月的晚上去世。我看著父親的遺體被安放在停屍間後走到外面，漆黑的夜裡飄起了雪。我想像成是這個世界在對他的靈魂致意，抬頭凝視著夜空，一陣刺骨的寒風刮著臉頰，就在那時，才意識到父親真的離世了。

喪禮結束後，我在父母家收拾父親的遺物。我打開冰箱，看到五條冰凍的小黃魚，再也沒人吃它。

一直憋在心裡的淚水終於爆發了。我像小孩一樣倒在地上痛哭。才知道自己有多麼愛父親，我為他連這種輕而易舉的享受都拒絕感到痛心，沒有好好吃完一條小黃魚就過世。然後

很快意識到自己許下的承諾：我不要過一樣的日子，我會完成父親的遺願，找到真正致富的方法。

Part I

1

導師

　　父親去世不久，我邁入四十歲。沒有父親的四十歲，生活變得不同。我來自一個中產階級的家庭，頂級大學畢業，在全國最大的報社當了十年記者，然後在賓州大學華頓商學院拿到工商管理碩士學位，目前在美國一家公司公關部門工作。生活不算失敗也不算成功，我有穩定的薪水，職業也上得了檯面，老公是熱心的公務員，育有一名兒子；我不用擔心過窮苦日子，但仍沒到能不擔心錢的地步。

　　日子過得其實很吃緊。我那些跟有錢的醫生、律師結婚，或是繼承了不少遺產的朋友，他們都過著悠閒的生活，但我連花個十美元都得考慮再三。我會收集報紙折價券、在超市快休息時搶購打折的肉品魚類，在不同加油站貨比三家，幫兒子買禮物時也會在網路上比價，就怕買貴了；我有時會花好幾個小時在電話上，要求商家退款，並把收據寄給百貨公司或是商場。

雖然生活節儉，但銀行戶頭上的薪水總是不知不覺消失。與其說穩定收入，不如說只要穩定沒赤字我就謝天謝地了。我一直很焦慮，總是為了明天犧牲今天。可是所謂的「明天」又是什麼時候到來？如果有人問我要不要繼續過這樣的日子，我會很堅決地回答：不要！

　　所以在父親逝世後，我致力尋找致富的途徑。不但博覽群書，還利用記者背景拜訪各類專家，請教致富之道。但是，他們給出的答案都一樣：能夠致富的途徑已經崩潰了。

　　「正如湯瑪斯・皮凱提書裡寫的，資本積累的速度已經超過經濟增長。不管你多努力工作，都不可能超越那些繼承龐大遺產的人。」

　　「人工智能和機器人的發展，會減少就業機會。只有一些資本家會得利，變得更有錢，一般人只會變得更窮。」

　　在我找尋答案的過程中，碰到許多年輕人。他們拚命在找尋和我一樣的目標。

　　「上一代總是說，要努力工作，存下來的錢要準備退休生活。但我不想為了未來犧牲我的青春。」

　　「才拿到薪水就去繳房租、助學貸款，還有一些生活費，之後就所剩無幾了。結婚生子還得花更多錢，我不能在自己身上花費，未來也買不起房子。」

　　「為什麼都說了很難致富，可是突然發財的人卻變多了？他們的秘密是什麼？我也能像他們一樣嗎？」

　　經過四處碰壁的察訪，有人告訴我，世界上只有一個人能給我確定的答案：「財富導師」。當下我只怪自己怎麼沒想

到，其實十年前我就跟這位導師見過面。

二〇〇六年底我還在報社工作，我們的團隊負責開發有關週末輕鬆閱讀的新聞素材。在一次記者的酒會上，我聽到人們談論「財富導師」的故事，每位富人都想見這位名叫李叙玩的女子。她二十多歲就有名氣，六歲時已經精通「四柱論命」，透過生辰論斷人的一生。她熟讀東方和亞洲經典，分析了數千人的資料，得出自己的結論。她著作的財富書本本都登上暢銷排行榜。

「哇喔！真有趣。再多說一點這位導師的事。」我說。

我同事喝了一口酒說：「妳知道最有趣的是什麼嗎？每個見過她的都說她與眾不同。」這樣一說，我更是好奇，他繼續說：「有人說她像是睿智的導師，也有人說她有不可言說的吸引力，也有人覺得她只是個純真的女孩。我聽過有幾個男生敗倒在她的石榴裙下對她無比敬仰。當然，她沒有給這些男人任何機會。」

「喔，真的嗎？」

「是的，但所有見過她的人都一致表示自己的人生改變了。依他們的說法，他們抓住了機會和運氣，最後都成功了。」

我的直覺告訴我，這會是很棒的報導。我非常想見見她，知道她是什麼樣的人。聽過這故事後，我覺得讀者們會喜歡。於是我打電話約了時間。

會面那天，我在建築物一樓大廳等她。不意外地，玻璃大門打開，有人走了進來。人生有些回憶，回想起來栩栩如

生，包含空氣、氣氛、聲音：我永遠不會忘記第一次見到叙玩的那一刻。

雖然我第一眼沒看清楚她的五官，但馬上認出她就是導師，包圍身邊的氣氛完全不同，有種像是被晨霧籠罩的神秘感。那是我第一次，也是唯一一次對人有這樣的感覺。我下意識感到緊張，像石頭一樣僵在原地。

叙玩走到我前面伸出手。碰到她的手我嚇了一跳，脆弱得激起我想保護她的本能。「妳一定是洪女士吧，很高興認識妳。」

我結結巴巴，「哦……妳好……我該怎麼稱呼……」

「妳可以直接叫我名字。」

二十幾歲的她，聲音甜膩如音樂般美妙，優雅端莊四肢纖細，有著牛奶般白皙的圓臉和輪廓深邃的鼻子，笑的時候一雙杏眼炯炯有神。雖然不是典型的美女，但無疑十分迷人。除了那銳利的眼神外，外貌看起來比實際年齡更年輕。

那天的採訪很不一樣。與叙玩的歡談令人神往，我幾乎忘了周遭時空。叙玩引導著談話節奏，她的洞察讓我耳目一新，每一句話都很有分量，語氣溫和，睿智的回答卻讓人一聽就懂。

在訪談結束的時候，我問：「妳未來有什麼計畫？」

「我已經搜集了世界各地富人的資料，正以此分析財富與態度之間的關聯。」

「哇喔，真有趣。這樣的分析可以揭示致富的秘訣！」

叙玩輕輕握住我的手說：「洪女士，妳也許沒有意識

到，但妳仍被困在牢籠裡。如果在十年內決定讓自己從籠中解放，那我們將會再見面。」

我當時並不懂她在說什麼，所以沒有放在心上。但現在十年過去了，曾經的那席話，像音樂般不斷在我耳邊響起。

此刻的她在哪？她是否還記得那句話？

❖

2

尋找導師

　　為了找到導師，我在網路上搜尋打聽，想知道叙玓最新的消息。自從我採訪完她後，她開始積極寫書和演講，隨著她的見解愈來愈深入，名聲也愈來愈響亮，聽說現在要見上她一面，得等上兩年時間。人們紛紛圍在她家四周，想在經濟危機時或是董事會異動時向她請益。

　　然而，叙玓卻突然消失了。

　　她不再向有錢人提供諮詢，她的消失讓很多人陷入困境，有家跨國企業十分依賴叙玓的指導，董事會裡有人因為沒有嚴守她的指示遭到逐出。國會選舉前候選人守在她家附近，也沒能見到她。她的消失和這些人的困境都只是巧合嗎？

　　謠言四起，有人說她正打算公布她鑽研多年的驚人秘密，有人說她在海外某處療養，聽聞她在歐洲某個地方隱居，也有人看到她在日本幫有錢人提供諮詢。

根據我找到的資料，叙玖最後一次出現在媒體上是二〇一三年：韓國某家大報的一整版都是關於她的採訪。照片裡的她笑容燦爛，底下引述了她的話：「我不斷從富人身上做分析，我發現他們都有一個共同的祕密。」

　　身上的使命感讓我迫不及待想見到她。我找出她的電子郵件，對她傾訴心聲，問她是否記得十年前的一面之緣，也訴說自己的喪親之痛，為了實現父親的遺願，熱切尋求致富之道；現在她是唯一能幫我的人。回想起來，寫了這麼多，實在不像只見過一面。

　　按下寄出前，我閉上眼祈禱，「拜託……拜託……讓叙玖看到這封信……」然後按下按鍵將信寄出。

　　等待的這幾天，感覺像在等大學錄取通知書。每次電話一響，心臟就怦怦跳個不停。我擔心她看到信後不知道我是誰，或是即使記得我，但覺得我在發神經。大約過了一個星期，我收件匣裡有新郵件，我像驚嚇盒裡的小人一樣跳起來：是叙玖的回信！

　　「很高興聽到妳的消息，我還記得妳，恭喜妳跨出了這一步。」

　　她的用詞很平靜，好似早就知道我看到後會感動萬分。她對我父親的去世表示哀悼，並透露她現在在歐洲。接下來的內容更是讓我震驚。

　　「時機成熟了。還記得我說過，這世界上沒有巧合嗎？冥冥之中早有預兆，只是在等待時機。」

　　她還說我隨時能找她。我看到這裡，立刻寫信約她見

面，買了飛義大利的機票。

　　飛機從首爾出發，約十二個小時後平穩地降落在米蘭。叙玧在科莫湖附近的一家酒店，離市區有一個半小時的車程。我在機場租了輛車，開上高速公路時，不禁又回憶起十年前的會面——

　　那年我和叙玧結束採訪，一起喝了咖啡。當時，我正面臨人生抉擇，是要繼續做記者還是進修工商管理碩士。我本想請教叙玧，但心裡又覺得不妥。

　　就算是有錢人，要見到導師一面都得排很久。我這次是因為採訪才能和她見面，真的能徵詢她的意見嗎？但這問題對我真的很重要，錯過可能就沒機會了。

　　但當我抬頭看到叙玧，擔憂突然消失。她的雙眼如同湖水一樣深邃，讓我不再猶豫不決；那眼神讓我感覺不管提出什麼問題都可以。

　　我闡述了自己的困境，叙玧則回應我一則佛經裡的寓言：

　　　　佛經中有一則〈岸樹井藤〉的故事：一名男子在田
　　　　野被大象追擊，他看到一口井，便攀附井邊的樹藤躲
　　　　到井裡。低頭一看，有數條巨大毒蛇在底下張著嘴，
　　　　而井頂有黑白兩隻老鼠啃咬男子抓著的樹藤。此時突
　　　　然有東西滴到男子的嘴邊。

是蜂蜜。此人不管怎麼做都有死亡在等著,他想都不想便把蜂蜜吃下,貪戀著蜜汁而忘了自己的險境。

叙玩轉過頭溫柔地問:「這個人要怎樣脫險?」

「這個嘛,他面臨生死關頭,但還在吃蜂蜜……我想他只有死路一條。」

叙玩仔細聽了我的回答,慢慢開口:「他只有一條出路,他需要爬上去和大象搏鬥。只要他下定決心,大象便沒那麼可怕,戰勝牠也並非不可能。勝利者看到的總是寬廣壯麗的大地。」

事後回想,當時自己並沒完全理解叙玩說的話。但她的一席話像陽光般閃耀,驅散我內心的恐懼,讓我有勇氣重新開始,不久後我飛往費城進修商學院的學位。

這十年期間,每當我碰到困難,就會想起她的話。的確,只要下定決心,戰勝大象也不是真的不可能。千里始於足下,一旦成功克服,整個世界好像就會變得有些不同。後來我才知道,那是我這十年來所聽過最重要的一席話,不得不佩服這位心靈導師對我的洞察。

從回憶中醒來,我正驅車穿越科莫區,行經許多小教堂和紅屋頂的房子,藍天白雲。穿越小鎮後,左方出現一汪美麗的湖泊。房子傍水一側,湖面波光粼粼,十分迷人,心情也變得開朗。十年了,不知道她現在什麼樣子?碰到了哪些事?

我到達旅館時接近約好的時間。這旅館豪華得像座宮殿,大理石製的大廳在面湖的方向開了一扇窗。我思忖不知在

26

這裡住一晚要多少錢。我下意識被這旅館的豪華震懾住了，我身上只穿了白襯衫和黑外套，和這裡顯得格格不入。我肩膀緊繃地站在原地，雙手握著電腦包的提把。

　　此時，如湖水般清晰的話在我耳邊響起。

　　「謝謝妳不辭千山萬水過來。」

3

重聚

　　我本能地轉身。看到一名女子優雅的剪影，是那如白銀般聲音的主人。因為背對著像鏡子般反射的湖光，我看不清她的臉，但我立刻知道她是誰：導師叙玩。

　　就跟十年前一樣，她身邊圍繞非凡的氣息。身上的黑色洋裝，優雅地從肩上垂至膝蓋。她並不高，但在湖光的襯托下顯得端莊，也許是因為陽光反射的關係，整個人像在發光一樣。

　　叙玩慢慢靠近我，短短的幾秒內，似乎經過了千變萬化，從她眼裡展現了花團錦簇的春天、熱情的夏天、驟變的秋天、冷冽的冬天。

　　「好久不見。謝謝妳百忙中抽空見我。」我盡可能不顯露內心的緊張。

　　她輕盈的步伐在我面前停下，我聞到了伊蘭、茉莉和麝香的混合香氣。她在二十幾歲的時候，猶如初開玫瑰般清新，

但現在像在夏日陽光下盛放的玫瑰，充滿能量但悠然自在。

「妳看起來比想像中還好，太好了。」

此時，回想起自己的遭遇，我強忍淚水。

叙玩熱情地笑笑，帶我去她的房間。我在她吩咐客房服務送來咖啡時，看了看四周；裡面全是橡木家具，只有一張深紫色沙發，像在中間畫了一抹油彩。窗外可以看到科莫湖。這幾年她都待在這裡嗎？「這地方真漂亮。妳在這裡住很久了嗎？」我問。

她輕輕地搖頭，「不，我三天前才來。」

「喔，真的嗎？很多人都在想，怎麼都見不到妳……」

叙玩神秘地笑了，靜靜地看著我的眼睛，身子往前傾，觸碰我手肘。「但該見到的人，總會相遇。」

像有什麼神奇的咒語般，我把喪父之痛一股腦地向她傾訴，以及在他去世後，我的生活是怎麼受限。我解釋父親是如何希望我能過上更美好的生活，結果自己像決堤的水壩一樣倒塌。我在她面前大哭，這還是父親死後第一次在別人面前哭；但面對她，我對自己的痛苦感到坦然。

哭的時候，叙玩牽著我的手，默默遞手帕，若有所思後回應。

「感受到悲傷很重要，只有這樣，悲傷才能流動不會淤積。要是壓在心中，它們會對妳心靈產生毒害，像停滯腐敗的死水一樣。」

她一開口，我的心便安穩了，不必再忍住淚水。「回顧父親的一生，我學到很多。父親為我做了很多，但我不想像他

一樣，用犧牲今天的方式換取明天。我想更自由自在享受生活。」

外面敲門聲響起，我們談話停了幾秒。客房服務送咖啡來了，我恢復平靜。穿著整齊的酒店人員把咖啡放在桌上，此時我在腦中思索想提出的問題。

咖啡香氣瀰漫整個房間。當我對上敘玧平靜的目光，不由得直接脫口而出，這也是我大老遠來這裡的原因。

「我要怎樣才能變富裕？」

敘玧沒有直接回答，而是默默地拿起杯子。杯上印飾著金色和粉色的小玫瑰。她微微一笑，把杯子湊近聞聞香氣，用唇輕碰杯子，就在此刻，杯上的玫瑰彷彿綻放了，世界圍著她在轉。敘玧輕啜咖啡，然後抬起頭來。我屏住呼吸。

「答案是——**當下擁有。**」

4

當下擁有

　　叙玧一字一字有節奏感的強調著，她的聲音在房裡迴盪。

　　「如同字面意思，感受妳當下所擁有的一切。」

　　這是什麼禪語嗎？我大概要回答叙玧看似不相關的問題，直到我找到當中的隱喻才能得出答案。我擔心叙玧問的問題會太困難。

　　叙玧靜靜看著窗外的湖面。我集中注意力盡可能配合她。華麗天鵝絨的布簾背後，可以盡覽整片鈷藍色的湖水，在陽光照耀下閃閃發光；像是成千上萬的玻璃珠撒在大銀盤上。

　　「這個世界上有數不盡的財富，就像妳把手伸進水裡，能感受到水的沁涼；妳能用相同的辦法去感受財富本身。這就是『當下擁有』：能夠加速或是改變流水的內在力量。不管再怎麼蜿蜒的河流，終歸大海。『當下擁有』，能讓妳自然聚集更大的財富。」

說得我一頭霧水。我專注在她所說的那詞彙，「所以，『當下擁有』是什麼？」

　　敘玩神秘地笑笑，輕輕碰了咖啡杯，啜飲的時候杯柄抓得更緊了。她安詳地沉默片刻，沒有回應我的問題，而是指著我放在桌上的手機：「這支手機是什麼時候買的？」

　　「嗯，買了大概一年吧？買的時候還是全新的。」我不解地回，但仍樂意繼續這樣的啞謎。

　　「那就讓我們回到一年前，妳買這支手機的心情是什麼？」

　　——這支手機啊，我買的時候心裡非常焦慮。這是店裡最熱門也是最貴的產品，我覺得它會讓我看起來像成功的職業女性；另一方面我其實很擔心，買這麼貴的手機真的好嗎？便宜一點的功能也都一樣啊。再三考慮後，我用信用卡分六期支付。印收據的時候心跳得很快，感覺花這麼多錢是件不對的事。之後每個月看到帳單，都會責怪自己太過浪費。

　　我把過程告訴她，「嗯，我先是考慮它多少錢，覺得有點太貴，猶豫自己是否買得起。付款後，我感到內疚，很後悔自己買了。」

　　「所以妳當時並不開心。」

　　「我當時覺得糟透了。我試著把它合理化，但心裡的疙瘩一直都在。」

　　敘玩開口，聲音清脆。

　　「『當下擁有』就是在花錢的時候，充分感受當下妳所擁有的。雖然妳的問題：『要怎樣才能變有錢？』有很多種方

式，但這個是最簡單也最有效的答案。」

我心中浮現出許多疑問。花錢不就沒錢了嗎？不花錢才會有錢啊！叔玩的意思像要我好好享受蛋糕，把它吃光光。

她笑笑地看我，像知道我在困惑什麼。「洪女士，現在想像一下，假如妳月入十幾萬美元，那現在妳要買這支手機，對它的感覺還是一樣嗎？」

我閉上眼睛，想像我銀行戶頭裡存了滿滿的錢，嘴角不自主上揚，光是想像就覺得興奮。我睜開眼睛看看手機，現在看起來完全不同；本來貴得無可救藥的手機，現在只是小菜一碟。我可以欣然買下，完全沒有負擔。

「光是用想的就覺得很好。」我大聲把心裡的話說出來，「這就是『當下擁有』的感覺嗎？」

「告訴我這是什麼感覺。」叔玩傾身聆聽，好似我的回答很珍貴一樣。

「當我想像自己收入很高時，我可以沒有後顧之憂高興地買下這手機。我不但負擔得起，還能證明自己的財力。」

她聽了後，笑得眼神閃閃發亮，伸出食指。「沒錯，這感覺很好！這就是用錢購買自己想要東西的感覺。」

我在當記者的職業生涯裡，採訪過很多世界知名的執行長和有錢人。每當我問他們：「你是怎麼發跡致富的？」有的人很直白地說：「只是運氣。」有的人給出更明確一點的答案：「我從市場上賺來的。」或是「碰到好人相助。」不管他們回答什麼，他們對我的問題或是自己的答案都漫不經心。

而我和叔玩坐在一起，她循循善誘地引導，慎選措詞表

達想法。我能理解為什麼那麼多有錢人指名要找她諮詢。更重要的是，她全心全意沒有雜念地關注我，就像是我個人導師一樣。

導師語錄
....
●「當下擁有」就是在花錢的時候，
　充分感受當下所擁有的。

❖

5

當下擁有的秘密

「我想多了解，怎樣才能『當下擁有』。我是要想像自己以後會很有錢來體會，還是要依自己目前皮夾裡有的錢去感受？」

叙玩交叉雙手，手握肘部微微前傾。

「洪女士，我們應該專注在那片刻的當下。『當下擁有』必須從現在開始，不要等到以後，而是當下。妳現在所擁有的錢才是目標。」

她問：「花個一秒，看看妳現在擁有什麼：一杯咖啡、一支手機、一個手提包……為什麼妳會有這些東西？」

「用錢買的啊……等等，」我想了一會。她說「當下擁有」是一種對錢的感覺，並盡可能感受，那我是怎麼和這些東西關聯起來的？「──啊！我有錢才能買。我是因為有錢，所以才買得起這些！」

「沒錯。妳現在也有足夠的錢負擔起妳現在在喝的咖

啡。」

　　我茫然地看著手中的咖啡杯。這家旅館裝咖啡的杯子這麼華麗，一定很貴。可能要十美元一杯？但我付得起，因為我有賺錢。雖然只是杯咖啡，但我對自己感到驕傲。這杯咖啡成了一種象徵，代表我有足夠的錢來享受這美味的體驗。我從不舒服的焦慮轉變成全新的喜悅，好像把硬幣翻面後，發現背後新的花紋。

　　「說實話，這激勵了我，我覺得自己更富有了，而且也感到驕傲。」

　　叙玩迷人地笑著，「是的，妳剛才就在實踐『當下擁有』。」

　　我自己也很驚訝，為什麼之前花錢時都沒這感覺？每次要花錢的時候，總覺得「這東西太貴了」、「太浪費了」、「我非得買這個不可嗎？」、「買這個真的好嗎？」或是「我買不起」。我反思自己消極的情緒，叙玩有耐性地微笑地看著。當我陷在五里霧裡摸索時，她好像能清楚看到我前進的方向，我感覺自己置身在世界上最安全堅固的保護傘下。

　　她指導我做了一個練習：「那麼現在，集中注意力在妳擁有的東西上，看看妳周圍的東西。」

　　我盯著我的包包、衣服、化妝品和鞋子。感覺都不一樣了，東西雖然仍是這些，但卻轉變成了自己的財富證明。這就是「當下擁有」的感覺。從頭到腳充滿喜悅。此刻我轉變觀點，不再專注在自己的不足，而是轉移到擁有，像車子換了一個檔位，整個世界都不一樣了。

「太神奇了！」我驚呼。

叙玩看了我的反應，溫柔地笑了，好像我做得很好。

「想像力就像電燈開關，」叙玩說，「之前妳在花錢時，總是打開了『錢不夠』的開關，而且總是被負面情緒影響，這樣子不會有餘韻感受『當下擁有』。而現在，妳打開了『當下擁有』的開關，妳自然會慢慢感受到更多正能量。妳會驚訝事物會有多麼大的改變。」

我仔細地聽著。

她繼續說：「在這個世界上，我們是無法感知事物的本質。在感知事物之前，我們得先喚起注意力。想想看，當妳真的很想要一個東西時會怎麼樣？假設，妳想要一雙白色球鞋，然後才會從世界中尋找。同樣地，當妳專注當下所擁有的事物時，那麼妳看世界的方式才會不一樣。從意志上會從『我錢不夠用』變成能改變世界的『擁有』。」

她說得對。每次我花錢的時候，一直是用「不足」的眼光在看世界。也許這是為什麼我總覺得錢不夠用。我知道我不是唯一有這種感覺的人。我常和朋友同事談論這種感覺。而我們都處在一種「錢不夠」的氛圍當中。

我兩位同事是夫妻，住在中等大小的公寓，兩個小孩讀私立幼稚園，過著中產階級的生活。就算這樣，他們總是對錢不夠用充滿怨言。其中一個直接表示，「繳了幼稚園的學費、保母費、保費還有稅務後，錢就從戶頭裡消失了。」

另一個朋友嫁給了律師，大家都很羨慕。就算是經濟不景氣的時期，她老公的客戶仍是源源不絕。但她也為錢擔憂，

總說自己戰戰兢兢，因為身邊有錢人太多。她說：「身邊總有人買了很貴的別墅、擁有幾十萬美元的名車，不然就是坐頭等艙到國外的頂級酒店套房度假，我們收入沒那麼多，每次看到他們在臉書上的貼文，都覺得自己是窮人。」

某種程度上，全世界都在對著我大喊「錢不夠」。報紙上有關經濟的報導，讓我一直擔心會再次發生金融危機。在臉書上看到朋友奢侈地度假，或是開昂貴的跑車，又讓自己感覺更窮。不管往什麼地方看，全世界都在告訴我「我很缺錢」。

叙玧聞著咖啡香，雙腿交疊。為了確認我沒有理解錯誤，我又問了一個問題。

「所以，『當下擁有』是一種看事情的鏡片，把注意力從『缺失』切換成『富足』？」

「是的，妳說得沒錯。事實上，換個鏡片沒有聽起來這麼簡單，要改變已經固化的觀點並不容易。但妳現在就可以從小地方開始，這是最快也最有效的方法。妳要做的練習，就是每天在花錢的時候，審視妳的感覺，一點一點感受並累積更多積極的情緒。」

導師語錄

●「我們應該專注在那片刻的當下。
『當下擁有』必須從現在開始，不要等到以後。」

●「『當下擁有』是一種看事情的鏡片，
把注意力從『缺失』切換成『富足』。」

【案例】
企業家曾透過『當下擁有』度過經營危機

　　有一天，一名企業家滿身大汗地跑來向導師請益。他已經投資三百萬美元在研發新技術，但碰到現金流不夠的問題，他的技術研發計畫已經延了快一年了，本票也被銀行退回，但公司的盈利不足以償還。他說：「我完蛋了，支票一張一張被退，我手邊能用的錢再幾個禮拜就會花完，到時候我連員工的薪資都付不出來。公司會不會破產？我擔心得夜不成眠，怕自己會流落街頭。」

　　叙玭先讓他冷靜下來，輕聲說道：「你在三年內不會破產，反而會在明年的下半年賺進大量財富。在錢流進來之前會先被阻塞，而這只是一時的瓶頸。大家都擔心自己會錯過下一波的錢潮為此害怕，你也不例外，可能會碰到許多意想不到的麻煩，但要是你能實踐『當下擁有』，會發現其實你比想像中的更有錢。」

　　聽過這些意見後，企業家第二天早上開始跟自己說：「我仍有錢能度過這一天，感謝上帝的賜與，今天會全心全意投身工作。」直到發薪日那天他仍對自己說：「我仍有錢付得起員工薪資，也還能繼續經營我的公司，太感恩了。」

　　當他專注在所擁有的資源時，本來搖搖晃晃的公司堅持了數週，甚至數月之久；因為該公司的技術授權金在背後支

援。而這名企業家專注在公司運作的大方向上，用盡全力測試和販售技術。

　　一年後，他打電話給叙玭，說要請她吃一頓豐盛的晚餐。「我聽了妳的建言，全心全意度過那場危機。不僅如此，我們的技術還賣到國外，賺了一大筆錢。我真的要好好謝謝妳！」

....

6

每個人都能致富

「妳說每個人都能『當下擁有』，是這樣嗎？是說誰都能透過這方法致富嗎？」

我心裡真正想問的是：我也能透過「當下擁有」的方法致富嗎？我相信叙玖有聽出我心裡的話，因為我的語氣控制不住地激動。

叙玖神情嚴肅地回應：「過去三十年中，我不間斷分析研究了十萬多人，從窮人到有錢人都有。我特別注意那些白手起家致富的人：那些白手起家的男人和女人。從我的研究中得知，真正高智商、天賦異稟、獨具創造力的人只佔其中一小部分。」

我想起大學主修社會學裡的質性研究。質性研究要透過訪談和觀察，分析那些無法測量的個案資料。研究員在得出結論前，得非常了解個案身處的脈絡。它和量化研究不同，量化研究會先提出假設，並用統計方法檢驗該假設是否成立；質性

研究非常仰賴研究者本身的能力，能和個案良好互動以及同理心，這樣才能從中找出有意義的質性資料；要把這些資料整合拼成更大張的一個整體，又需要特別的洞察力。

我知道叙玩研究致富的方式是一種質性研究。過去幾十年裡，人們一直用量化在做統計和調查，但都無法揭示致富的秘密。我驚訝地意識到，叙玩那非凡的同理心和洞察力，正是進行這研究的重要能力。

叙玩再次開口時，眼神一亮。「我得出很明顯的結論，大多數人的一生，都有機會能賺三百到七百萬美元的財富。當然不可能每個人都像比爾‧蓋茲一樣變成超級富豪。但我可以肯定，每個人都有與生俱來的致富能力，就像每個人都有被愛的能力一樣。」

我驚訝地合不攏嘴。三百到七百萬美元！就算扣除生活費、稅收、小孩的教育費，這仍然是筆驚人的數目——而我也不例外，擁有這樣的資質。

我要是這麼有錢，我會怎麼做？一定馬上在黃金地段買大房子，還有代步的名車，然後送小孩去昂貴的私校就讀，也會替自己買名牌衣服；會搭頭等艙去南太平洋小島的度假勝地旅行。我也不會獨自享用這些錢，會捐一些出來給需要的人。我的想像力像奔馳的野馬，那活力通過血管流遍我全身；那活力就是希望。

小時候我總會想著要過著與父母和大眾不一樣的生活。少女時的我，想要做很多事，曾經想要當律師，也想過當畫家還有醫生。高中時我在電視上看到CNN報導波斯灣戰爭，那

時我熱血沸騰，「決定了！我以後要當記者。」

　　之後我上了大學，畢業後在三大報社之一找到工作，二十幾歲就當上記者。就某方面來講，我也算實現夢想，但也僅此而已；從那之後再也沒感受到希望在體內流淌過。

　　當記者的生涯中，有機會看到世界的每一個角落，遇到各式各樣的人；從犯罪到權貴，從乞兒到富人。對這世界了解愈多，便愈覺世界不公。要是沒有繼承遺產，白手起家愈來愈難，只會看到窮者愈窮，富者愈富。在我覺得已經看透這世界的時候，我的心也隨之凍結，小時想要過上與眾不同生活的夢想也早已破滅。

　　但是導師告訴我，我也能致富。這是我與生俱來的能力，心裡再次感到希望。一旦燃起希望，眼前的世界突然變得不一樣了。

　　但隨後焦慮像氣球一樣在心裡爆開。在我的職業生涯裡，常會碰到身陷困境的人們，看到他們的處境我也很難過。有時候我會寫一些文章幫忙募款，但除了這樣，我幫不了這些人。世界上只有這麼多錢，不是每個人都有辦法發財。要是真的人人都能致富，那為什麼世界會是這個樣子？

　　叙玧凝視著我，好像已經準備等我更直接地詢問。

　　我問：「要是世界上人人都能致富，那為什麼現在窮人這麼多，富人這麼少？為什麼人們會受貧窮所困？」

　　我把自己曾經寫過的報導，親眼所見的赤貧轉述給叙玧。她捏緊雙手點頭聽著，眉頭微皺然後閉上雙眼。等她再次睜開時，我看到她流下同情的淚水。我注意到她強大的同理

心，對別人的痛苦感同身受；這也是她一直以來的能力，使她能幫助別人提出建言。

「是的，貧窮在這世上，造成了很多痛苦。」

我等著她對這問題的回應。她花了點時間恢復情緒，回到平時導師般的冷靜。

「我來問妳個問題，」她說，「有多少比例的人，生下來註定是窮人？」

「嗯，我想應該很多。我猜超過百分之三十。我碰過很多很好的人，日子也過得踏實，但卻飽受窮困之苦；他們沒做錯什麼，只能說是命。」

之前送咖啡來的時候，水也一併附上。叙玎突然拿起自己喝的水杯，搖晃裡面清澈的水。

「讓我們用這杯水來思考致富能力。以比爾・蓋茲舉例，他的杯子比其他人的都大，妳的相對就小了些；而妳故事裡提到的人們，他們的杯子又有多大？」

一杯財富。這個比喻很直觀：我們一生下來的杯子大小是固定的，但能在杯子裡注多少水，取決於一個人的決定和行動。

「妳說任何人都有機會能賺三百到七百萬美元的財富，」我思考著，「這樣說來，那些窮人也有一樣大小的杯子。」我回答。

「是的，沒錯。以為窮人生下來的杯子就比別人小是一種誤解。當然也是有人生下來的杯子，跟比爾・蓋茲一樣大。但一般來講，每個人的杯子至少能裝三百到七百萬美元；可惜

的是，窮人並沒有把自己的杯子裝滿。看看這杯水，如果裡面的水只有一點，那麼不管這杯子有多大，大家只會注意到它沒裝滿的部分。我從十萬多人的分析中得知，一個人只要把杯子裝到四分之三滿，就很富足了。」

「那我要怎麼把杯子裝滿水？」我問。

她露出滿意的笑容。

「方法有很多種，但最快又最有效的方法，就是『當下擁有』，那是吸引財富的力量；付出一樣的努力，但會讓妳很容易在杯子裡裝更多水。光透過自己的感受就能全權掌握這個方法。」

導師語錄

- 「每個人都有與生俱來的致富能力，
  就像每個人都有被愛的能力一樣。」

- 「『當下擁有』，是吸引財富的力量；付出一樣的努力，
  但會讓妳很容易在妳杯子裡裝更多水。
  光透過自己的感受就能全權掌握這個方法。」

寓言故事
美麗的花朵

一個人在花園裡種了多種花草樹木，他辛勤地澆水，小心翼翼地栽培，但隨著時間過去，花園裡不但一朵花都沒開，反而失去生氣。

「為什麼你會枯成這樣？」那人問。

一棵銀杏樹說話：「我再怎麼長，也不會有松樹那麼高。」

松樹有氣無力地說：「我沒什麼信心，我結的果實再怎樣也不會像蘋果那麼美味。」

蘋果也不落人後地插話：「但我開的花沒辦法像向日葵一樣，又大又漂亮。」

這些垂頭喪氣的植物中，有一朵小野花正盛開著。花園的主人問野花：「我所有的植物都枯萎，但你卻開得漂亮，小花啊，你的秘訣是什麼？」

野花輕輕一笑，「我有著小而單純的美麗，我知道像這樣的美，會讓人心情愉快，我很喜歡自己現在的樣子，也很高興自己能開這麼漂亮的花。」

野花感到快樂幸福，這也是他會開花的原因，而其他一直都在抱怨自己不足的植物，漸漸枯萎了。

❖

7

不需要花很久的時間

　　我想要盡快開始，但多久才會有效？會不會需要好幾年？我不知道要是短時間內沒什麼改變的話，自己能堅持多久。

　　如果對面坐的是別人，我不會表達心裡這層擔憂，這會顯得我很現實。但若是叙玩，我卻能毫無壓力表達心裡的想法。

　　我記得大學在心理學學到的「無條件積極關懷」。這是輔導員面對個案時的態度；給予對方應有的尊重，不會依他的情緒、想法、行為批評對方。叙玩正是以這種方式在跟我互動，讓我覺得不管我說了什麼，都不會被批評，並且無條件會被尊重。我想那是因為叙玩很珍視每一位和她見面的人，這也是為什麼大家都覺得她很迷人。

　　我之後有問過她：「妳為什麼決定向我透露這個秘密？妳周圍應該有很多大作家、記者、出版商才是。」

她那時回答：「純淨的靈魂和能量才能觸動人心，而不是地位和能力。洪女士，妳有很大的潛力能突破自己的關卡，只要妳能遇到貴人，也就是能夠指導妳前進的導師，妳的純淨會讓妳跟著貴人走。」

　　拉回主題，叙玩溫柔地回答我的問題：「妳當然不需要等好幾年。根據我引導人們時搜集的資料來看，這過程並不漫長。最快會在兩週左右出現，最遲也會在三個月內。」

　　「哇！這麼快？」我聽到差點從座位上跳下來，我從沒想過會這麼快。

　　「從生物學角度，成人大腦需要十四到二十一天來改變原本的突觸連接，形成新的連接方式。『當下擁有』在這期間會切斷既有的連結模式，然後產生新的神經網絡。當這網絡一形成，妳就會發現這個世界也開始改變。」

　　在那次會面結束後，我回去找了一些有關神經和突觸的資料。外部刺激會先傳遞到大腦，然後再通過突觸傳到其他的神經細胞（或稱神經元）。如果把神經元比喻成道路，那突觸就像十字路口。假設有名男子，一花錢就會感到焦慮；當「錢」這個資料進入大腦後，神經元和突觸就會把這個神經訊息傳到「焦慮」那裡，就像聖誕節的燈串，通電後會透過電線一路亮起。正所謂「神經元相互觸發也相互連結」。

　　早期的研究表示，神經元和突觸所發展的連結，會在二十歲時成形。但後來更新的研究表示，神經連結在人的一生中會不斷變化，這也意味著我們有可能改變某些經驗和情緒的關聯。如果持續實踐「當下擁有」，那我可以選擇強化「花錢

經驗」和「快樂擁有」之間的連結。

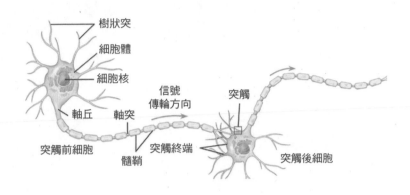

樹狀突
細胞體
細胞核
信號
傳輸方向
突觸
軸丘　軸突
突觸前細胞
髓鞘　突觸終端
突觸後細胞

　　導師說「當下擁有」是最快也最有效率的方法，可以改變我們大腦固定思維，跳脫長期養成的焦慮反應。「當下擁有」可以擺脫在金錢上的擔憂，還可以因此致富！我雀躍不已，想要盡快實踐「當下擁有」。

　　叙玿輕柔地問：「妳看過《先別急著吃棉花糖》嗎？」

　　「妳是說，要小孩忍著不吃眼前的棉花糖，為了以後得到更多棉花糖的故事嗎？」

　　「妳覺得這故事怎麼樣？」

　　「這個嘛，為了得到明天更多的收穫，所以要忍住今天的誘惑。這樣的故事很常見，我不太喜歡，好像今天得咬著牙過，這樣明天才有機會發財一樣。」

　　「秘訣就在這裡：妳不必壓抑妳想做的事。棉花糖並不是每天都會發一個。」

　　我看著叙玿，她突然壓低聲音，低沉但是語氣堅定，眼神銳利而且十分有活力。

「我們有這力量，能讓明天得到更多棉花糖。只要今天真心享受那一顆棉花糖，那明天就會得到雙倍的糖。」

　　「妳是說，成功不一定要延宕享樂嗎？」叙玩露出甜美的笑容。

　　「是的，而且不用花太長的時間。」

導師語錄

●「這過程並不漫長，最快會在兩週左右出現，
　　最遲也會在三個月內。」

●「妳不必壓抑妳想做的事。
　　棉花糖並不是每天都會發一個。」

【案例】
幾個星期，美夢成真

結束和叙玧的會面，回到韓國，我注意到有些人在實行「當下擁有」後，才幾個禮拜就實現夢想，只是他們不見得意識到自己正在運用這方法。

一位喜劇演員在脫口秀的節目裡說道：「每次我想要參與什麼演出，就會在正式選角前，先把它寫在行程中，提前感受被選上的喜悅，然後我就真的被選中了！」

他還把他寫的東西唸出來：

五月七日：上脫口秀節目。

七月十日：參加電視劇演出。

六月二十四日：廣告拍攝。

「說真的，上脫口秀那一行，是我幾個禮拜前寫上去的。現在，我真的在這裡了！真的跟你一起錄節目！還有，我一直很想出現在當紅電視劇裡，於是我在廣播裡說裡面有人找我客串，廣播結束沒多久，那節目選角的人就打給我！而且還多接了一個商業廣告！真的太神奇了！」

這喜劇演員把他的秘密向觀眾公布，但主持人以為他在開玩笑，還笑得很開心。但是我聽得懂，他公開了自己的經歷。先讓自己覺得願望已經「實現」；之後很意外的是，它真的實現了。

在寫這本書的時候，我身上發生了更驚奇的事。我在

調查還有哪些人也知道「當下擁有」的祕密。我特別留意韓國知名團體BIGBANG的隊長：G-Dragon。他聲名播及整個亞洲，包括韓國、中國、日本。我看到他在推特說，錢美麗得就像花朵一樣；我在想，他是不是也在實踐他自己的「當下擁有」。

　　我對他特別感興趣，開始研究關於他的報導、看他參與的電視節目，我想把他寫進我書裡。兩個禮拜後我居然在餐廳看到他，我差點從椅子上摔下來。G-Dragon是出了名的不太出門，但他現在就在我旁邊一桌吃飯！這裡只是一家普通的早午餐店，並不是什麼眾星雲集的豪華餐廳。於是我發現，是我的關係：我在兩週內就吸引到G-Dragon。

8

揮霍與炫富

我心中仍有放不下的石頭困擾著，「我說一下我朋友的故事。她是一家化妝品公司行銷經理，她把薪水全部拿來消費，那花錢的方式好像沒有明天一樣。買名牌包包、衣服、鞋子……一大堆東西，好像買上癮了，有時候一個包包的錢比她一個月薪水還多，她還會貸款買名車。就算被信用卡帳單和銀行債務壓得喘不過氣，她也一樣花錢不手軟。像這樣的人在享受消費時，會因此致富嗎？」

我真正想問的問題是：「當下擁有」和「揮霍」之間有什麼區別？只要這些有錢人在揮霍的時候花得很快樂，就能在之後愈來愈有錢，這感覺有點不太公平。

叙玩問道：「她在購物的時候會感到焦慮嗎？」

「嗯，是啊。我跟她一起購物的時候，她一直嘀咕自己信用卡快刷爆，然後就看到她又下手買了更貴的東西，買完後又說自己很怕看到信用卡帳單。」

本來舒服坐著的叙玩，坐直了身子嚴肅地說：「這並不是『當下擁有』。」

　　我怯生生地問：「但我朋友對消費很樂在其中，這跟『當下擁有』有什麼差別？」

　　「我們假設一下，如果妳現在只剩二十四小時的壽命，妳會怎麼運用妳的錢？」

　　「啊……那我何必要省錢？當然是把它花光。」

　　叙玩慢慢引導，「現在想像一下，要是妳薪水馬上大幅增長，是什麼樣的感覺？然後比較一下，要是只剩二十四小時，那花錢又是什麼感覺。」

　　我閉上眼睛，幻想我年薪一下飆升到一百萬美元，金錢湧進我戶頭的速度遠大過我的消費，光是想就飽了，連東西都不用吃。我會開心地到百貨公司買衣服，買包包。

　　然後再想像我如果活不到明天，我會去吃一頓最好的晚餐，但這次的想像裡，我一點都不快樂。我會用揮霍來忘掉焦慮、恐懼，甚至放棄我既有的生活方式，買一些我再也沒機會用的包包，不會穿的衣服，錢花愈多愈沮喪。

　　我把這些想法告訴了叙玩，她回應：「這就是揮霍和擁有的區別。」

　　我回想自己浪費錢的經驗。有一次我和朋友去吃飯，她穿了件新的牛仔褲，那件褲子穿在她身上好看極了。我突然有個衝動，好像非買那件時髦好看的褲子不可。我急忙跑去百貨公司，花了幾百美元買了件一模一樣的牛仔褲。我朋友丈夫在投資銀行上班，她日子過得愜意，也懂得享受生活，三不五

時會出國旅遊，還在臉書上發布很多別具風格的生活旅遊照。我內心有個聲音，好似只要買一樣的牛仔褲，就能和她一樣自由自在地生活。但最後那件褲子一直被我收在衣櫃裡，根本沒穿；它不適合我的生活方式。那次消費留下來的只有後悔。

還有一次是朋友來訪。那朋友嫁給了一位有錢男人，從此不再為錢擔心。我怕她會嫌我桌子太舊，便買了張幾千美元的桌子，把家裡本來那張很好的桌子換掉。接下來幾個月，一看到信用卡帳單就讓我哀號。

我尷尬地把這故事和感受跟叙玖說了。她表情透露著理解，看來不是只有我這樣。她慢慢地開口，「妳買這些東西的時候，並不是讓自己開心的。」

恍然大悟。真的是浪費錢。比起自己，我更在意別人買了什麼、他們怎麼看我。所以就算是消費，我卻一點都不開心。我嘆了口氣，「沒錯！我花錢的當下感覺到的是嫉妒、焦慮，還非常擔心別人對我的看法。買東西沒有讓我快樂，反而還更糟。」

她緩緩地說：「我們再換個例子。醫生和支持自然療法的人，都說『自癒』是一種本能，妳的口味會依據妳身體所需要的東西和分量，跟著變化。」

「沒錯！我累的時候會想吃鹹的；宿醉的時候會很想吃蛋來補充失去的營養。」

「正是如此。要是妳仔細聆聽身體，妳就會知道自己的胃想要什麼樣的食物、分量又是多少，反而不會暴飲暴食，這樣身體也會自然健康。買東西也一樣，要是妳關注真正想要

的，那自然不會揮霍或買東西來炫耀。財富的流動就跟在海浪上乘船一樣，妳只要待在船上讓浪推妳向前，甚至根本不用划船。」

叙玩用下面的話總結我們一天的對談：

「人生是一個旅程，我們每個人都在其中尋找並拼湊各式各樣的『自己』。到最後妳會成就自己。」

一旦人們能成為真正的自己，會從內在湧出力量從中得到喜悅。「當下擁有」是最容易達成的方法。

窗外光線照進來的影子變長，太陽快下山了。這才意識到幾個小時已經過去。叙玩帶我走到酒店門口，天空一片緋紅。

我沿著被夕陽染紅的科莫湖散步，同時腦中還在回想。自從早上和叙玩碰面後，自己像脫胎換骨，心靈也有所成長。有多久沒這感覺了？我有預感，向導師學習『當下擁有』會變成一趟尋找自我的旅程，此後還會有更多的提升，甚至會變得有錢。

導師語錄

● 「要是妳關注真正想要的，
那自然不會揮霍或買東西來炫耀。
財富的流動就跟在海浪上乘船一樣，
妳只要待在船上讓浪推妳向前，甚至根本不用划船。」

● 「人生是一個旅程，我們每個人都在其中尋找
並拼湊各式各樣的『自己』。
到最後妳會成就自己。
當人們成為真正的自己後，
會從內在湧出力量並從中得到喜悅。」

導師的故事

　　叙玧導師從小在各方面都十分優秀，她三、四歲學韓文、中文、數學的時候就展現驚人的天賦。也很喜歡思考哲學問題，很小就在看成年人讀的經典名作。六歲已經看過法蘭茲‧卡夫卡的《變形記》。故事中的主角，沒有像一般主角一樣有完美的結局，反而十分悲慘，這讓小叙玧很受打擊。她發現小說裡的角色很能呼應現實身邊的大人。比方說她母親，為了符合社會價值和家庭責任沒辦法獨自生存。叙玧內心深感焦慮，身而為人，該怎麼在這世界獨立？這變成叙玧年輕時候最重要的課題。

　　叙玧還有一種天賦：強大的同理心。她從小很能體會別人的痛苦悲傷。那跟善於理解人或很會安慰人不同；而是完全把自己忘掉，對別人的情緒感同身受，然後治癒對方以及自己破碎的心。那個時候的叙玧開始會編故事，安慰心靈受傷的大人。一位保母照顧肢體殘缺的兒童感到心痛，她講了個一位老奶奶和生病兒子一起過著安逸生活的故事。自己母親和家人發生摩擦時，她也編了灰姑娘結婚後，如何和皇后對峙的故事。雖然她還很年輕，故事也未脫稚氣，但她能感覺到自己的故事讓大人放鬆不少。

　　不過叙玧的母親強烈反對讓她學習，她覺得要自己體弱多病的女兒接受這種讓別人致富的命運太過分了。那些用中文寫成的經典著作，就連對大人來講都很難懂。就算這樣，

叙玓卻一下就樂在其中；不顧母親的反對，她沉浸在這些流傳千年的古籍，從中尋求真意。

「天有不測風雲，人有旦夕禍福。」

這句話，深深打動叙玓的心。

差不多在那時期，她開始冥想。寺廟裡的僧侶跟她說，冥想有助於大腦學習。叙玓聽到後，決定練習一百天的冥想。她是有天賦的孩子，但一直掌握不到冥想的訣竅。開始的第一天，她跪坐著閉上眼，但不知道腦袋該想些什麼。

後來有一天，不知道是不是學得太過認真，她發了高燒，痛苦得整夜呻吟。第二天早上高燒退了，喉嚨很乾，喝了保母帶來涼掉的大麥茶。那一瞬間，茶的香味和芬芳傳遍了身體每一個角落。她很常喝大麥茶，但這像是她第一次正確品嚐它的味道一樣，從此了解到，活在當下就會讓很多事都不同。

第二天，叙玓像往常一樣，打坐完慢慢睜開眼，深吸一口氣。鼻孔吸氣時，她感到新鮮空氣擴散到全身。她平靜地環顧四周，這房間好像變得跟昨天不一樣了。現在，她感受到什麼是全然地活在此時此刻。

但她並不知道，這此刻也是她成為導師的第一天。

⋯⋯⋯⋯⋯⋯⋯⋯⋯⋯⋯⋯⋯⋯⋯⋯⋯⋯⋯⋯⋯⋯⋯⋯⋯⋯⋯

Part II

9

維洛納的陽光

　　義大利，維洛納的布拉廣場，這浪漫的城市因莎士比亞的《羅密歐與茱麗葉》而聞名。我在這裡等待叙玧。前一天和她暢聊，被她的洞察力和充沛能量吸引，在她的春風話語裡不知不覺經過了幾個小時。聽她說話，我感覺自己充滿信心和希望，相信自己也能致富。心裡有希望的時候，整個世界都跟以前不一樣。

　　這裡早上可能下過雨，廣場地面濕漉漉的，但天空藍得清澈。受祝福的羅馬圓形劇場被陽光覆蓋；地面積水的反光，閃耀得像上百條銀色魚群。我踮起腳尖，全身心意投入在陽光中；自己好像在行光合作用的小樹。不知道今天和叙玧見面，又會帶來什麼新的可能性？

　　嘴裡不自覺哼起〈我的太陽〉：

多麼明媚的陽光！
暴風雨結束後的晴朗。
多麼清新的空氣，讓人歡欣。
多麼明媚的陽光！

「很高興看到妳享受這一天！」

叙玩出現在我面前，身穿無袖桃紅洋裝，戴著棕色太陽眼鏡，淡粉色唇膏。而且我發現她微笑的時候，兩邊嘴角會漾出酒窩。身邊經過的義大利男人忍不住回頭看她，但叙玩對他們的注意不感興趣，她只對我微笑。

「妳的『當下擁有』實踐得很好！」

「什麼？怎麼會？」

「當下擁有」，從昨天起，這字句就刻在我心頭，她說我已經在實踐了？但我還沒開始花錢啊。

「現在的妳正在享受，全身心地感受這廣場和受祝福的陽光。妳正在把喜悅分享給我。活在當下是『當下擁有』的第一步。」

「好吧，這比我想的還容易！」這概念用說的好像很難理解，但其實真的這麼簡單。

我們漫步在美妙的天氣裡，手裡拿著香草冰淇淋，就像《羅馬假期》裡的奧黛麗‧赫本。踩在廣場地上，我鞋子像樂器一樣發出喀噠聲響。這樣的當下，很難不樂在其中。我舔了一口冰淇淋，不管它是在陽光下融化，還是在我嘴裡消失，這甜甜的香氣最終都會充斥在我整個體內。

我想起了前一天的談話，「很多人一起在這太陽下，陽光無盡地傾瀉在我們身上。但要是我轉過身子，便不能感受這能量的注入。說不定致富的能量也跟這太陽一樣，早就無盡地在對我們傾瀉。」

　　「是的，不管我們轉不轉身，太陽一直都在那裡。只要能轉個方向，隨時能享受陽光。」她站在以歌劇聞名的圓形劇場上，說話的聲音就像音樂般悅耳。

　　我們經過廣場往公園走去，一旁的叙玧突然駐足。我轉頭順著她視線看過去。一名戴著紳士牛仔帽的街頭音樂家，用吉他彈奏著義大利歌謠，腳還不時跟著拍子輕敲。叙玧笑著觀賞，看得出來她十分享受，細細品味這一刻。演奏完畢，她含笑著鼓掌，還放了一些鈔票在吉他箱裡。叙玧正在實踐「當下擁有」。

　　要是只有我一人來到廣場，我會浪費這美好的時刻，杞人憂天地擔心那些還沒發生的事。平常我旅遊的時候，總是不斷想著下一步要做什麼，或是假期結束後有哪些工作要忙；但現在，學會什麼是「當下擁有」後，我隨時都能轉過身來面對太陽，為什麼從來沒發現這是件這麼容易的事？

　　我們在當地小有名氣的餐廳坐下，我問：「妳好像每天都在實踐『當下擁有』。我又該從何開始呢？」

導師語錄

●「能活在當下,正是『當下擁有』的第一步。」

　　●「不管我們轉不轉身,太陽一直都在那裡。
　　　　只要能轉個方向,隨時能享受陽光。」

10

真正的富有

　　我們點的丁骨牛排滋滋作響地端上來了。小小的油滴，在煎得恰到好處的牛排表面上跳躍，我已不禁流滿口水。

　　叙玖拿著刀叉，「試著充分體驗牛排的味道、香氣，還有口感，當成這是妳第一次吃牛排一樣。」

　　我吃了一口，用鹽和胡椒調味得剛剛好，宜人的氣味，略有彈性的肉質。「嗯，真好吃。」嘴角自然而然揚起。我閉上眼睛，細細品味它的味道，然後嚥下去。我打開半睜的眼睛看著叙玖。

　　「哇，真好吃！光是『美味』好像還不足以形容……但我不確定那會是什麼。」我還在思索適當的詞彙。

　　「這就是實踐『當下擁有』的開始，很好的開始。現在全神貫注，忘情地去享受嘴裡的味道。這就是百分之百讓妳處在此時此刻的當下感受。」她眼睛睜得大大的，向我比了個讚。

我就像第一次學步的嬰兒，被她鼓勵著再往前進一步。我切了片牛排，專注在它的味道。試著讓自己完全沉浸在享受美食的當下。我有足夠的錢能來義大利，吃這美味的牛排。這牛排真好吃……

第一次實踐「當下擁有」的時候還很不習慣。但我不覺得困難。要感受這一刻的幸福已經足夠了，我的感受慢慢在增強。

我問：「這種慢慢增強的感覺，是正確的方法嗎？」叙玧給予支持般笑了笑。

我突然好奇：別人也知道「當下擁有」這個秘密嗎？我把嘴裡的肉吞下，「所有有錢人都是這樣做的嗎？」

叙玧好似一直在等這個問題一樣。

「是的，『當下擁有』是他們生活的一部分。不需要特意去想就自然而然發生。事實上，真正富人的生活中，很長一段時間都處在『當下擁有』。」

「真正富人？」

「世界上有兩種富人，真正富人和假富人。」她回答，「我對十萬人分析的結果表示，真正的富人都有『當下擁有』的共同點。要是檢視他們致富的過程，會發現『當下擁有』是最快最有效的方法。」

「所以，真正的富人也會很快樂地花錢嘍？這些人都這麼有錢了，當然很容易樂在其中，因為他們已經這麼有錢了。」

「洪女士，能量和物質，哪一樣先出現？」

突然一問，讓我一頭霧水。這不是在上物理課，我不知道該怎麼回。看到我困惑的表情，叙玩笑了。她眨了眨眼，我很快又放鬆下來。她又給了一點暗示。

　　「我們的情感是能量的主要形式之一，而金錢則是物質。」

　　我努力思考想找出答案，「啊……那麼……是物質先，然後才有能量？難道不是先有金錢，然後才會感覺良好嗎？所以有錢人花錢的時候一定是快樂的，要是我很有錢，我也一定會樂在其中。」

　　叙玩慢慢地搖搖頭。奇怪的是，我就算答錯了，卻一點也不覺得尷尬。我露出微笑，她溫柔的目光讓我覺得沒有關係。

　　我又試著答了一次，「呃，那一定是能量先於物質。但我還是不懂，妳的意思是，我就算沒錢，一樣能感到幸福？不是先有因才有果嗎……」

　　她拍拍手，露出大大的微笑。「沒錯，因果關係！」

　　「什麼？」

　　「不要被眼睛看到的表象矇騙。真相往往出人意料地簡單。如果妳用正能量在享受妳的錢，那妳會吸引到更多的錢。能量才是因，物質是由此產生的果。」

　　叙玩提出看似毫不相關的問題，回答了我之前的疑惑，讓我頓時有「啊哈」的感覺。我發現她是用蘇格拉底的方式，把我推向真理。

　　我說：「所以……真正的富人，不是因為有錢才『當下

擁有』，而是因為『當下擁有』所以才有錢。我享受『當下擁有』來享受幸福，就會有更多錢被我吸引……然後我也能變成富人？」

　　敘玩聽了後笑著說：「能跟開竅的人交談真是太棒了，妳的回答是正確答案。」

　　她用手指玩弄垂在鎖骨中間的墜鍊，像在思考著什麼事情。那顆白色珍珠母貝的項鍊被她的手指一碰，好像發出了柔和的光芒一樣。

　　敘玩緩緩開口，「真正的富人，是那些懂得在花錢時享受的人們，那個當下，他們錢包裡有多少錢並不重要，重要的是在花錢的當下，正在實踐『當下擁有』。『當下擁有』是在妳專注於『此時此刻的我有這些錢』上面，那情感能量就會替妳吸引更多錢，哪怕只有一美元也一樣。當妳感受逐漸增強，妳會充滿感謝，感謝妳有能力賺這些錢，也感謝這世界讓妳有機會能賺到錢。只要知道這件事，那財富會一直向妳湧來：這就是真正富人所擁有的情感。

導師語錄
....

●「如果妳用正能量在享受妳的錢，
　　那妳會吸引到更多的錢。
　　能量才是因，物質是由此產生的果。」

●「真正的富人，是那些懂得在花錢時享受的人們，
　　　　　　　那個當下，
　　　他們錢包裡有多少錢並不重要。」

●「『當下擁有』是在妳專注於『此時此刻的我有這些錢』
　　　上面，那情感能量就會替妳吸引更多錢，
　　　　　哪怕只有一美元也一樣。」

【案例】

日本「經營之神」的三個祝福

松下幸之助在日本被譽為「經營之神」。他出生在富裕的家庭，但因為父親破產的關係，家道中落，在小學四年級就被迫輟學，到一家自行車店當店員。到了晚上，常常想起去世的母親哭著睡著。

他後來克服了童年的困境，二十三歲時，用一百日圓創辦了「松下電氣器具製作所」。這家公司的銷售後來成長到五百萬兆，變成日本最知名的公司，「國際牌」也是旗下的子公司。

有一天，一位記者訪問他：「松下先生，請問你成功的秘訣是什麼？」

他回答：「上天賜給我三項祝福：貧窮、虛弱、失學。多虧了它們，成就了現在的我。」

「上天的祝福？這些聽起來像是不幸啊。」

「你說得沒錯。但貧窮在我小時候就教會我努力工作的重要，虛弱讓我體會到健康的可貴，所以我學會了怎麼照顧自己，過著健康的生活。而我讀到四年級就退學，讓我對學習產生了源源不絕的求知渴望。」松下就是這樣體現他自己的「當下擁有」，就算他處在大家都認定是不幸的環境中，也使他成為日本最富有的人之一。

11

假富人

我開始在想假富人的事,「那麼,什麼是假富人?」

「假富人會在花錢的時候總想著自己錢不夠。他們關注的是『不足』,而不是『擁有』。他們對錢的態度,就像花錢是不應該的一樣,覺得要是沒有嚴格的節流,很快就會大難臨頭。假富人會覺得,金錢就像一條隨時會斷源的流水。」

叙玩喝了一口咖啡,然後繼續說:「最後,假富人在忍著不花錢的時候,會放出更多負面的焦慮和不滿足的能量。也許在帳面上有很多錢,但這些錢對他們毫無意義。他們總是千方百計阻止它從手中流出去。」

「啊……我承認,我一直以為致富唯一途徑就是存錢。」

「不難理解這樣儲蓄的心態是從何而來,想想看,要是妳下個月賺不到錢,那妳現在還能吃牛排嗎?」她輕聲問。

這問題不難,我馬上回應:「不,那我一毛錢也不會

花，我不知道未來會發生什麼，會優先考慮存錢。」

敘玠又問：「要是妳知道下個月的薪水會漲十倍呢？」

我笑了，「這麼多錢，當然會感覺很好！我會大快朵頤，想吃什麼就吃什麼。」我聽懂她的重點，「所以，這就是真富人和假富人在觀念上的區別。一個是想著自己有錢，一個是想著自己沒錢。」

我覺得我說對了，敘玠對我微笑點頭。她喝了一口咖啡後開口，「洪女士，想像一下，當妳戴著有色眼鏡，鏡片是黑色的時候，整個世界看起來都是黑色的；當妳鏡片是藍色的時候，世界就是藍的。一樣的道理，真富人看世界看到的是『擁有』，而假富人看到的是『不足』。」

我想起前一天敘玠跟我說過：打開「當下擁有」的開關後，那眼前的世界會和之前「錢不夠」時很不一樣。這就是真富人和假富人的區別。

我補充，「所以……要是能量先於物質。那假富人一直在想『沒有錢』，反而會把錢推開。」

我不禁想起父親，他一生都在為錢煩惱。就我父親來講，錢是用來存的不是用來花的。他愈有錢焦慮感愈強，然後一點一點把錢存進戶頭，就算最後住進癌症病房也一樣，為了省錢，堅持住在六人病房，最後生命也在那裡結束。我想到他最後的遺願，要我不要過像他一樣的生活，我哽咽了。「我想到我父親。」

敘玠像感受到我的情緒一樣溫柔地看著我。我流下淚水，埋在心裡的悲傷在她面前爆發出來。她輕輕拍了拍我肩

膀，那手像有治癒能量一樣，她的真摯和安慰，溫暖我的心。我慢慢停止哭泣。

「我決定要成為真富人，不能一輩子光存錢。」

敘玖如大海深邃的眼睛凝視著我。簡單幾個字，讓我充滿力量。

「妳會的。」

我振作起來，回到剛才的話題，還有一個問題一直困擾著我。

「在報導或書籍裡，有一種刻板印象，說有錢人過得並不一定快樂，上流社會和是否快樂並沒有關聯。但真富人似乎很享受自己的生活，也享受自己花錢的當下。」

敘玖捧著咖啡，往後靠在椅背，平靜地喝了一口，對我所說的表示贊同。

我喜歡這個，既可以享受今天的生活，又能變得富有；相較之下，假富人的生活糟透了。我不想成為擔心受怕的奴隸。把錢藏在保險庫不花它，那有錢又有什麼意義？

敘玖進一步解釋，「因為看事情觀點不同，真富人和假富人的生活有很大的區別。真正的富人活在今天，珍惜每一天的幸福。假富人活在明天，他們的每一天都在為明天犧牲。對真富人來講，錢只是一種能享受今天生活的『工具』或『手段』；對假富人來說，錢是他的『目標』或是『主人』，他們會犧牲自己來存錢。」

寓言

　　伊索寓言裡有一個守財奴的故事。從前，村子裡有個有錢的守財奴。他把自己所有錢都拿去買金子，然後藏在沒人知道的地方。他每天都會去那裡，看著金子感到滿意。他有個僕人發現守財奴老是往某個地方跑，於是便跟蹤他。那天晚上，僕人把他的金子都挖出來，逃跑了。

　　第二天守財奴發現金子不見了，哭倒在地上。一位路人看到便上前慰問。

　　路人聽完守財奴的故事後，便說：「別哭了，找一堆和之前金子大小一樣的石頭放回去。就把它當成金子。反正你也不會花，這裡藏著是金子還是石頭又有什麼區別？」

12

真富人的生活

　　我看了看時鐘，我們已經聊了兩小時，和叙玩談話總會聊到忘我。夜幕降臨這座歷史老城，我們離開餐廳。

　　走在羅馬時期所建的佩雅托石橋，在橋上望向河的另一邊。橘色的夕陽餘暉落在紅色屋頂上，填滿了整片天空。河水在橋下激出漩渦，奔流向前。晚風撫過面頰，讓我神清氣爽。叙玩雙臂從橋上垂下，看向河面，沉浸在維洛納的夜色，絲質衣襬在微風中飄蕩。

　　「我喜歡這裡……這裡的風，這裡的日落。」我說，「《羅密歐與朱麗葉》就發生在這浪漫的地方嗎？不過我沒有很喜歡那故事，結局太悲慘了……妳覺得那故事怎樣？」

　　叙玩慢慢轉向我，眼中反射出紅色夕陽。「如果妳把它看成兩個世仇的家族和解，妳會發現它不全然是悲劇，這兩個家族最後找到了快樂的結局。」

　　我好奇地問：「我發現妳回郵件時間都是早上四點到五

點，妳都這麼早起來工作嗎？」

她回應我的話語，讓我想到蕭邦的音樂。「那時候我都是一個人，在自由中忘我。我沉思、冥想、做研究，而不是在工作。研究富人所發現的『當下擁有』，也是在那時間得到的賜福。」

「哇喔，好棒！」我在腦中描繪叙玧一個人靜靜和自己對話的場景。不知道換作我的話，我會思考多深的問題，又會對自己有怎樣更進一步的認識。

然後我想到叙玧一杯水的比喻，每個人天生就有一個能裝財富的杯子，那真富人的杯子不知道裝了多滿？

叙玧笑著回答我的問題，「真富人至少會把杯子裝到七、八成；只有極少的人會把杯子裝滿。」

「那普通人呢？他們的杯子又裝多少？」我繼續追問。

「妳覺得呢，洪女士？」

「嗯，應該是半杯吧？」我是以自己為樣本，但不單是推斷，也包含內心期望：要是我死後，上天給我的杯子連一半都裝不到，那也太慘了。但我剛說完，就想起她曾說過，每個人的玻璃杯可以裝三百到七百萬美元的財富，我在腦中快速心算。「嗯？愈想愈不對。妳說大多數人一生下來，就有能裝三百到七百萬美元的杯子……如果是半杯的話，平均也有一百到三百萬美元。」

我歪著頭看叙玧。她轉過頭望著河岸，「不幸的是，有三分之二的人，他們杯子的水從沒超過百分之十或二十過。」

太讓人震驚了。只有百分之十。水只裝一點點就死了！

我嘆了口氣，「啊，太不公平。我們拚死拚活工作在存錢，結果只能填杯底。而真富人卻可以開心地花錢。」

「是的，很多沒錢的人，比有錢人更努力工作。但妳是否會變有錢和妳的努力程度並不成正比。真正的有錢人，知道怎樣事半功倍，這是效率問題。」

我聽了後，拍了膝蓋。想起自己在讀管理碩士的第二年，在國際經濟考試前幾天，我盡了全力在背筆記。但看到試卷後，腦子一片空白全部塞住，這些問題必須真的融會貫通課堂上所教的概念，才有辦法回答。用了錯誤的學習方法，我成績也比別人低。雖然知道用錯方法，但我也不知道什麼是對的。

聽了叙玗的話，感覺它和致富的道理也是相通的。方法用錯了，就算再努力，成績也只會介於C到F之間；學習也是，花一樣的時間，用更快更有效率的方法，得到A的成績。

「鈴鈴鈴。」

在我思考的時候，一名穿著白色T恤藍色牛仔褲的女大學生，一邊響鈴一邊踩著自行車經過，金色頭髮在後頭飄揚。我愣了一會兒，看她高興地騎著車經過橋上。

叙玗輕聲問：「妳喜歡騎腳踏車嗎？」

我高興地回：「當然，我小時候常騎呢。」

「妳有沒有注意，腳踝位置不同的時候，踩的力道也不一樣？」

我看向那學生，在上坡路上用力踩著踏板。「是啊，不同位置會有不同的力量。」

「沒錯，這就是施力點和時機。」

「喔，這高中就學過了，妳是說對物體施力，讓物體移動嗎？」

「沒錯，正確施力，可以讓妳有五十倍的功。就算是騎自行車上坡也一樣。就像要釘釘子，妳拿著錘子的頭，跟拿著把手來釘，那感覺是天壤之別。」

用這方法，可以把功效放大數倍。同樣的道理也適用在致富，讓賺錢事半功倍。我說：「就像是找到正確的施力點……所以，真富人會利用『當下擁有』，更有效地賺錢。」

她愉快地笑著，「妳真是一點就通，妳說得沒錯。『當下擁有』會幫助妳找到正確的施力方法。真的讓妳事半功倍。」

導師語錄

● 「真正的有錢人，知道怎樣事半功倍，這是效率問題。」

● 「『當下擁有』會幫助妳找到正確的施力方法。
真的讓妳事半功倍。」

【案例一】
「當下擁有」讓他買下一座小島

「李女士，我想賺更多錢，至少要兩億美元。要過更好的生活，發給員工很多獎金。可是我把我的夢想跟別人講，他們都笑我；我沒有什麼資本，也沒有商業管理經驗，而且已經四十幾歲。我要怎樣才能發財？」

一位創業者殷切地來找導師。他說自己想創業賺錢，但大家都不當一回事，覺得身為大學教授的他，不可能成功。但叙玧看到他是真心的，知道他最後會鼓起勇氣採取行動然後成功賺錢。於是教他怎麼「當下擁有」，要他實踐一個月。

他開始實踐，試著每天感受自己擁有的錢。他心裡對自己說：「我真幸運，能有錢開始創業，而且像現在這樣努力工作，我會感受這份幸福。」他也每天鼓勵自己，「我今天還了不少利息，我信用良好能再貸更多錢，這也說明了我是有錢的，也付得出今天的員工薪資。很感恩這個月能賺到足夠的錢，讓我繼續運作下去。」

一個月後，他開心地來找叙玧。「我實踐『當下擁有』，發現其實我擁有的不少，我公司有扎實的技術和優秀的人員。」

「重要的是，內心所感受到的真實。而這樣的真實帶給你什麼感覺？」

「首先，在實踐『當下擁有』後，就不再這麼擔心了。反而充滿幸福和感激，內心因希望而沸騰，因為我覺得我可以做得到。」

　　他還把「當下擁有」的精神教給他員工。他全力研發，決定想讓人看看一名科學家的賺錢能耐。經過幾個月，他成功開發了一項技術，獲得專利，還吸引一百萬美元的投資。

　　這位創業家後來一帆風順，公司從美國和日本收到不少專利金。他的技術賣到國外，年銷售增到數十億美元。致富後，他買下夢想中的小島，建了一座馬場在那裡騎馬，而且也如他所說的，給了自己員工很多獎金。

　　他現在是真富人，享受並分享他的財富。

【案例二】
父親的遺產：當下擁有

有一天，一名二十多歲的女人沮喪地來找叙玏，她出生在富裕的家庭，但高中時父親突然去世，家裡經濟狀況開始變壞。

她還記得父親對她的教誨，「爸爸說我應該感恩當下所擁有的。只有一種方式可以表達這種感恩，就是把自己的財富分享出去。他還說只要我心靈富足，任何困難都可以克服。爸爸也確實提供獎學金給自己員工的兒女，也幫助需要錢的鄰居。」她眼裡盈滿淚水，看著叙玏。「但在我爸死後，所有事都變得一塌糊塗。生活變得困難，我把爸爸教我的一切拋到腦後。」

她大學時候的朋友忙著海外旅遊、談戀愛；但她忙著打工賺自己學費。在自己困難的時候朋友紛紛遠離她。大學畢業她跟一間雜誌社簽約找到工作，可是自己的朋友在父母的幫助下，找到更好的工作，她感到沮喪和失望。她記得自己父親曾受叙玏幫助，所以跑來找她。

叙玏說：「妳父親留下非常好的心靈遺產給妳。妳有天賦利用這遺產創造更多的機會。現在起的三個月，妳父親生前建立的人脈，會讓妳得到更好的機會。」

聽到這話，她淚水盈眶地想起父親。她坦言：「每次我碰到困難，我都會埋怨他，他離開得這麼突然。我從來沒想

過他的心靈遺產。爸爸總是感恩自己所擁有的，不知道為什麼我把它們都忘了。」

這名女士接受了叙玎的建議，開始實踐「當下擁有」，人生也從此改變。她對自己有的一切心存感激，充滿希望。她活在當下時，工作上的態度也跟著改變，她把自己的聰明和積極帶到了工作中。身邊人也發現她的變化，給她更多機會。

兩個月後，她和一家運輸公司的執行長面試。公司一名老員工不在了，她想來應徵那個職缺。剛巧，面試她的人曾受她父親幫助。他建議她先在公司做秘書。她實踐「當下擁有」，充滿自信把握住機會。帶著正能量，她看到這世界到處充滿機會，勇敢對這世界放手一搏。她不只做秘書的工作，還自願幫忙網站管理。很多別人都不懂的驅動程式問題，她都能一一處理。自然而然，老闆也愈來愈信任她。

她做秘書做了七年，公司後來請她出任執行長。她讓這間運輸公司和另一家成熟的風險投資公司合併，公司業績成長了三倍。

這名女士照著她父親事事感恩的原則，永遠感到知足並分享自己的財富。她創建一個基金會提供獎學金，幫助像她一樣年輕就家境困難的學生，還說服其他有錢人一起跟進。

我想起自己當記者採訪過的有錢人。有一個人當著我的面，喝著價值一千多美元的紅酒，然後吹噓自己多有錢。但後來，他因盜用公款被捕送進監獄。另一個採訪過的有錢人很小氣，自己的薪水高得不得了，但吝於幫員工加薪，後來一名員工揭發他會計作假帳，結果公司破產了。

　　這些和敘玠口中的真富人不同。真富人實踐當下擁有想著致富，並感受自己的一切，用這樣的感受引吸並抓住好運，讓錢財進來。發財的同時也分享財富，而且在發財後也一樣活在當下。

....

13

貴人

隨著時間過去，橋上吹來的風越發地冷。敘玦衣衫單薄，冷得直發抖。那時候，她比我所有見過的人更顯嬌弱。我們找了一家咖啡館，她捧著熱咖啡驅寒。我喝咖啡時，咖啡的苦味、香氣、糖的甜味混在一起。

暖和後又開始聊。我問：「我很好奇，真富人的錢是怎麼透過『當下擁有』被吸引來的？具體上是怎麼送到他手裡？是突然中彩券嗎？」

「方式有很多，但大多是透過和人的接觸。」

我聽到後有點失望，感覺不太公平。所以我還得先有足夠的人脈？「妳是說，像一個人跟另一個人說要投資什麼商業項目，或是要買哪支股票嗎？或是有認識的人介紹好工作、老闆很慷慨地發獎金？」

「每個人讓錢流進來的方式，會依不同的個性，和接觸的人不同也跟著不一樣。」敘玦回應，「但是真富人會有個共

同點，他們和自己接觸的人都有著良好的關係，而且很注重關係品質。很多真富人會從這樣的關係中，一直有所收穫。」

我想到了「貴人」一詞，對自己很重要，能讓自己有好事發生的人。

「所以，擁有良好人際關係，就像有貴人一樣嗎？」

叙玖用燦爛的微笑肯定我的話。

我接著說：「那我要怎麼遇到貴人？說真的，我沒有什麼親密的朋友或同事，所以我不太知道怎麼出現貴人。如果我實踐『當下擁有』，貴人就會像變魔術一樣，砰一聲突然出現？」

叙玖笑了，「每個人不一樣。很多人會誤以為，貴人會是自己認識的人，像是朋友、老闆之類的。」

什麼意思？如果是不認識的人要怎麼幫我？

「我一生都受貴人的幫助，但大多數的貴人我從來沒見過。」

我記者魂的好奇心被激發了，「那妳的貴人是誰？」

「我小時候家裡有個保母，我從她身上學到什麼是愛，那種不計代價，也不佔有的愛，同時也學到了，這樣的愛得要傳下去。還有一些東西方的經典著作作者、哲學家、科學家、思想家，他們都是我的貴人。從小就常在腦中和他們談論事情。從中拓展了我的眼界，學會更多事物。」

我想到一些真富人的例子，一個人和他的良師益友流傳的一段佳話，我相信這就是貴人關係。那就是《星際大戰》的導演，喬治‧盧卡斯和黑澤明。盧卡斯是黑澤明的粉絲，他從

黑澤明的《戰國英豪》、《七武士》中得到靈感，放進《星際大戰》裡，一九七七年上映後，成功賺回七十倍的製作成本。此後盧卡斯一帆風順，成了億萬富翁。一九八〇年，盧卡斯聽說黑澤明沒有錢拍攝他下一部電影《影武者》，於是自己出資，也幫他找了不少投資方。《影武者》就是在這前提下推出，廣受好評，成了二十世紀最偉大的電影之一。黑澤明也在一九九〇年獲得奧斯卡終身成就獎。還是盧卡斯親自頒發的，表達他對黑澤明的敬意。

中國最大商業網站公司，阿里巴巴總裁馬雲，在二〇一七年二月透過基金會，向紐卡斯爾大學提供獎學金。馬雲表示這是為了紀念他跟肯‧莫利的關係。一九八〇年莫利一家人到中國旅行。年輕的馬雲在那時結識莫利，並稱他為「澳大利亞的父親」，從此一直保持筆友的關係。莫利邀馬雲去澳大利亞，但馬雲的簽證一直被擋下來。莫利一直聯絡澳大利亞駐華大使館，被拒七次後，簽證終於通過。馬雲說過：「我非常感謝，在自己年輕時有幸去澳大利亞，那裡的文化、風土、人情深深衝擊了我對世界的觀點。」莫利在二〇〇四年去世，馬雲給他「澳大利亞父親」的故鄉捐了兩千萬美元，紀念莫利向他提供的協助。

黑澤明是盧卡斯的貴人，莫利是馬雲的貴人。貴人並不是給自己錢的人，而是引導自己走向致富之路的人。我說：「就我所知，所有的真富人都受貴人幫助。」

「沒錯。沒有一個真富人是不勞而獲的。真富人都知道天下沒有白吃的午餐，也都知道怎麼培養及投資和貴人的良好

關係。」

「就像盧卡斯和黑澤明互相幫助。」

然後叙玖用非常強而有力的語氣說道：「這是富人之間典型的關係型態。它會形成一種良性循環。我相信妳這次來，一定會順便買伴手禮要給妳想感謝的人。洪女士，當妳這麼做的時候，心情如何？」

「我感覺很棒，一想到對方收到會高興，我就更開心了。」

她中氣十足地說：「這就是『當下擁有』。感受妳現在所擁有的，分享也會讓妳心靈更昇華。反過來講，要是妳只想從別人那裡獲得，那吸引到的不是貴人，而是騙子。」

我突然發現，我的貴人並不遠，就坐在我對面。世界上有錢人都想見的導師，吸引我到她身邊。我真的非常感激，想找個方式報答她。

叙玖讀懂我心思，對我笑了笑。心有靈犀的感覺真好，我正處於「當下擁有」中。

　　「人生中最大的機運，就是遇見你的貴人。」
　　　　　　——李嘉誠

> **導師語錄**
> ．．．．．．．．．．．．
> ●「真富人都知道天下沒有白吃的午餐，
> 　也都知道怎麼培養及投資和貴人的良好關係。」

【案例】
當貴人碰上真假富人

二〇〇七年全球房屋的次貸危機。叙玩看出市場上泡沫有破裂的風險。提出了建議給兩位找她諮詢的富人，「泡沫隨時會有破裂的危險。最好在第三季度避開房產市場。」

第一位富人靠房地產賺了數十億財富，一生只投資房地產，但他毫不猶豫採納她的意見，馬上把資產變現。他善於管理而且直覺很準。他實踐「當下擁有」並且信任貴人，也跟貴人保持良好關係。

那富人還很仔細問了導師：「我應該把錢投在哪裡？我只有投資過不動產，對股市不太了解。」

她回答：「從你目前為止的盈利模式來看，我比較建議你投資外匯而不是股票。」

那位富人聽了她的建議。金融危機發生後，房地產價格暴跌美元暴漲。這個人從美元獲利不少，又在不動產價格低的時候買回來。那個人的資產翻了一倍多。

然後他又來找叙玩，「李女士，真的非常感謝妳，多虧了妳，不但躲過這次危機，還大賺一筆。有什麼需要幫忙的，請儘管開口。」

相比之下，另一位富人自己經營生意，累積了幾百萬美元的財富。叙玩也給了她一樣的建議，但對方不願聽取，

「我這輩子除了房地產外，沒投資過別的。房地產不是最安全的嗎？我不想失去好不容易賺來的錢。」

　　那位富婆成年後靠經營餐廳賺錢。一分錢都不浪費，甚至晚上還用熨斗燙平鈔票。她害怕失去辛苦賺來的錢，就算發財後也不買新衣服。無法接受叙玠要她改變自己的營收來源。最後因為焦慮和恐懼，沒有聽取貴人的意見把房產賣掉。房價不久後崩潰，手邊有的流動資產也沒了。這女富婆因為沒在其他項目投資，最後遭遇了慘痛的金融災難。

....

導師的故事

「啊，為什麼每天都有名車擋在學校門口？回家的路都被擋了。」

高中時期的敘玧導師默默聽著自己朋友的抱怨，她知道為什麼；車子裡的有錢人是來找她的。高二那年，有錢人每天都在她學校門口排隊等她，想聽她的金言良語，哪怕只有短短一句也好。

她六歲起就致力學習，每天花好幾個小時學習經典著作分析案例。她學得很快，半年後祖母就沒東西能教，從此敘玧請教許多名家，學習各種不同的東西，但很快也都學完了。後來，就算最知名的算命師也無法回答敘玧的提問，她最後只好潛心學習，自己找答案。

敘玧小時候每天凌晨四點就起床，早上先冥想，集中精神，然後開始分析無數的案例。分析資料的過程裡，她很早就發現自己獨特的洞察力。透過比較不同人的生活，發現書裡找不到的答案。今天她會比較同命運但不同時代的人；明天會比較同命運同時代，但不同國家的人。

她會依資產多寡替富人分類。又把相同資產的人，依所擁有的不動產、金融商品、流動資產區分開來。在看金融投資時，她會看股票、債券或是衍生性金融商品的比例。在有人從股票賺錢時，她會看這個人是直接獲益還是間接獲益，是以什麼形式，何時獲益。

高中時她就分析過數萬筆資料，依她的研究得知，擁有數百萬美元和數千萬美元的人，他們裝財富的杯子就不同。叙玑分析資料中以資產多寡有了不同的分類：擁有財富大於一千萬美元的、大於兩千萬美元的、大於四千萬美元的、大於七千萬美元的，還有大於一億美元的；然後研究不同分類裡的差異。她又把擁有一億到十億之類的人又再分成三類，並且分析他們的特色。這些研究讓她知道每個人裝財富的杯子都不同，而杯子是否裝滿，是根據人的心態。她還比較了中產階級和勞工階級的數據，建立了統計模型。後來的幾十年，她不斷研究富人的資料藉以修正這個模型。

　　就算全心全意在自己的研究上，她也沒忽略課業。既然決定要上學，她沒有忘了身為學生的本分。叙玑知道自己是人生的主角，她早上做自己的研究，上課時專心學習。

　　高一時就幫有錢人做諮詢，這位「年輕的導師」名聲很快在有錢人之間傳開。他們對金錢特別敏感，不會錯過她的存在，全都擠在她的校門口。

　　她教室裡也有人排了很長的隊要找她，下課時間，許多充滿夢想的女孩會聚在她座位旁問：「如果我報考這間大學會上嗎？」「我喜歡教堂裡那個男的，我們應該交往嗎？」「我爸媽一直吵架，他們會離婚嗎？」

　　這些青少年的問題從人生大事到雞毛蒜皮都有。叙玑從來沒敷衍向她詢問的人，就算只有一兩句話，也會給出建議。不管是不是有錢人，成年人還是年輕人，叙玑不會評價

問題，也不會輕視朋友的煩惱。她年輕時就看過這麼多例子，她知道：人們遭受的痛苦看起來都不一樣，但歸根結柢都有相似的情感。

　　在我身邊的叙玩對我也一視同仁，對她來講，無家可歸的人、大公司總裁、國家總統、社會邊緣人……並沒什麼不同。她並沒有因為對方是亞洲的富人，就給予特殊待遇。她同情人們受到的痛苦，並安慰他們，找到可實行的解決方法。這不是她從什麼人身上學到的，而是她與生俱來的天賦，成為導師的天賦。

Part Ⅲ

14

開始「當下擁有」

自從我和叙玧在義大利見面後，已經回韓國好幾天了。當時徜徉在科莫湖畔，一起被夕陽包圍，感覺就像一場夢。叙玧身邊脫俗的氣場，讓我覺得自己真的可以致富，變成真富人。

回到我平日生活，我不知道要怎麼實踐「當下擁有」。又過回了之前的模式，像有股浪潮把我推回去一樣。每天我起床，空腹喝咖啡，然後去辦公室，不停地開會、報告、寫稿，然後突然就到了下班時間。我丈夫在另一個城市工作，只有週末才會回來，所以我急急忙忙穿過壅塞的交通回家，一個人照顧四歲的兒子。很快準備好飯餵他，幫他讀故事書，直到他睡著，那個時候差不多十點了。雖然已經很累，但還是會打開電腦處理沒完成的工作，半夜才忙完。然後會拿著遙控器打開電視，最後在沙發上睡著。

與此同時，心裡出現叙玧的聲音，愈來愈大，迴盪在我

體內。但工作實在太忙，一開始的幾天什麼都沒辦法做。「當下擁有」感覺需要很專注，所以就暫時被我推到一邊。一直有個疙瘩在，就像我離開家門，發現有件衣服不見了。我擔心自己會不會永遠無法踏上致富之路。

　　某個星期一下著雨的早晨，那天交通比平常更塞。我在排隊買咖啡，看著手機行事曆滿滿行程，都是會議和待完成的報告，看了真讓人窒息，不經意嘆了口氣。此時一陣咖啡香鑽進我鼻子裡，聞著香氣，想到叙玧好像很喜歡捧著咖啡，心裡又響起她清晰的話語。

　　　「活在當下，是『當下擁有』的第一步。」

　　我突然意識到，我最好立刻就開始實踐。無精打采的身體突然有能量湧現。想到和叙玧之前的談話，感覺身心都煥然一新，就像在炎熱的夏日喝一口冰咖啡，那泉源浸透我乾涸的大腦。光是這樣，就給了我勇氣去試試。排隊輪到我時，我發出洪亮的聲音。

　　「早安！」

　　一名男性員工戴著圓帽，隔著櫃檯站在我對面。看起來二十多歲，可能快畢業了正要準備投入職場，也可能是趁沒課的時候打工賺錢還學貸。他下巴稜角分明，戴著圓眼鏡的小眼睛盯著收銀機，看起來很累的樣子。他的生活跟我的沒兩樣，我們都像在跑滾輪的倉鼠，只是我在他忙碌的生活裡是一名顧客。就算這樣，他也開朗地回應我：「早安，一樣是美式咖啡

嗎？」

　　這是我第一次看到這個人笑，而且他記得我的習慣。看來我的正能量已經擴散到這年輕人身上。我微笑，「是的，謝謝，今天也老樣子。」

　　是時候實踐「當下擁有」。我興高采烈拿出信用卡，想著自己「有錢」，能夠無壓力買下這杯咖啡。以前在費城讀管理碩士時，為了省錢，咖啡常常是從家裡帶。但現在不需要這樣，我擁有的更多，我買得起咖啡！櫃檯上的機器顯示我需要簽名。之前我對這步驟常莫名惱火，但那次我真的很享受。

　　年輕男子友善地遞給我咖啡。我對自己說，好……我要多練習一下「當下擁有」。我試著享受當下。感覺叙玧好像就在我身邊捧著咖啡，我幻想著她的表情，我覺得我可以做得到。

　　我捧著杯子嗅著香氣。咖啡流淌過喉間，喝了下去。那美妙的氣味在我身上溶解，就像溶在咖啡裡的糖一樣。時間彷彿靜止，專屬於我的時刻。每天都喝的咖啡像第一次嚐到，覺得自己好像在雲端漫步。

　　我打開咖啡店門，邁開步伐，一隻手撐起雨傘，另一隻手感受咖啡的溫暖。雖然是難走的街道，但我心在飛翔，腳步也跟著輕盈。雨點打在傘上，我想像《雨中歡唱》那一幕，金・凱利拿著傘跳舞。我到了公司，典型的星期一早上通常讓人窒息，但因為這杯咖啡，我為自己感到驕傲，它證明了我的能力。我進到辦公室和同事們打招呼，「早安！」他們回應：「有什麼好事嗎？妳看起來很高興。」他們看到我笑得很開

心，也好像吃了仙丹妙藥一樣，和我一樣快樂。

　　我吹著口哨到座位上，打開信箱，看到那熟悉的電子郵件。頓時我心臟怦怦跳。我後來有再聯絡導師想約見面，但我也清楚知道我不能催促她。而現在她回信了，提議我們幾個禮拜後在法國巴黎碰面，還說不久後會寄機票給我。我心裡充滿幸福快樂，好像已經有魔力發生了。

15

「當下擁有」，買鞋

　　自從歡快地實踐「當下擁有」後，已經過去幾個禮拜。想到叙玟說的話，馬上又精神奕奕。這其實一點也不難，我只要感受一下當下花錢的情緒。不需要任何裝備也不用額外花錢。我在挑選有機蔬菜時「當下擁有」，和家人在義大利餐廳吃飯時「當下擁有」，選購一款香味宜人的潤膚乳時也「當下擁有」，我去感受我所有的快樂。

　　不用多久，我對錢的感覺逐漸改變了。我的生活像起了快樂的連漪反應。以前我花個幾塊都會東想西想，覺得可以在另一個地方買到更便宜的，或是家裡已經有類似的東西，多添購只是浪費。我會對花錢感到內疚，消費帶給我的並不是快樂。但現在不同，我實踐「當下擁有」後，我對自己說，我在「當下擁有」花出去的錢，就是投資自己的未來，就跟其他有錢人一樣，有錢使我快樂。我很感謝。拿到薪水時的感覺也不同。以前拿到薪水一點也不興奮，我會在內心默默扣掉房租、

學費、利息……然後覺得只剩這麼一點，之後沒過幾天，帳戶裡的錢又都流出去，覺得沮喪。但現在我「當下擁有」，是的，我拿到薪水了！我有能力花這筆錢。我有能力為我家人住的房子付租金，還有我孩子的教育、我們的食物，我會試著感受那種幸福。

和叙玩約好見面的日子愈來愈近，想到要去巴黎就很興奮。一天早上，我收到她寄來的機票，座位號碼有點奇怪，稍微查了一下，叙玩幫我訂的是商務艙！導師為了這次見面，送我這意外的禮物，我感動得要哭了。

但我在實踐「當下擁有」的時候，也碰到危機時刻：

有一天我比較晚到家，有份稅單放在廚房桌子上。我不敢打開看，反而打開電視看脫口秀，不去想桌上的東西。但那感覺就像牙縫裡卡了一個東西。我做了深呼吸，拆開稅單的信封。看到上面的數字一陣頭暈。看完後發現因前期欠繳的關係，還多出了額外的金額。我吞了一口口水，「好幾千美元，我會損失一筆不小的數目。」一般來講，我會拿出計算機，算看看扣除稅金，要怎麼重新分配家庭預算。然後躺在床上，焦慮到睡不著。

我做了幾次深呼吸，告訴自己冷靜一下！冷靜，我還是可以練習「當下擁有」。我閉上眼睛，慢慢呼吸。想起叙玩的臉和聲音，她迷人的微笑和信任的眼神出現在我面前。

「『當下擁有』要專注在當下時刻。當下我所擁有的，就算只有一塊錢也是。」

叙玩的聲音在我耳邊，焦慮感慢慢平靜。「我很好，現

在有叙玧帶著我，我有錢。」我打開瀏灠器看看戶頭還有多少錢，裡面足夠讓我過完暑假。我再次感覺自己力量回來。我大聲對自己說：「就算我繳稅，錢也還有剩，這正是我有錢的證明。」我放鬆了。再看看稅單，裡面的數字沒那麼可怕。我寫了支票，然後舒服回到床上，安心入睡。

還有一次危機發生在百貨公司，我注意到一雙寶石藍的涼鞋放在櫥窗裡，上面裝飾漂亮的鍊子。它像有磁力一樣把我吸引進店裡。那雙鞋要價六百美元，是我其他鞋子的三倍價格。我看了後愣住了。此時一名店員過來，「這是一名女明星穿的同款涼鞋，很受歡迎，這是最後一雙，其他都賣完了。」不知道為什麼「女明星」和「最後一雙」聽起來讓人特別興奮？我試穿那雙鞋，考慮要不要買的時候，心臟怦怦跳，好像考試在偷看別人答案一樣。導師說過，只要我買東西時是開心的，那我也能致富，貴一點算什麼？我有錢去買這鞋子。

店員看出我還在猶豫。我感到壓力地走向收銀台。我知道自己感覺並不舒服，好像做錯了什麼，整個人都很緊張。我沒有因為自己有錢而感到高興，而是充滿不安的念頭，一直在想這鞋子真貴。正要拿出信用卡的時候，又浮現叙玧的臉，和她堅定的口吻。

「『揮霍』並不是『當下擁有』，
找到內心真正想要的。」

我不想毫不考慮、衝動就買下這鞋子，這是一種浪費。

我清醒了，我買這雙鞋一點都不高興，反而只會讓我緊張，事後我一定會後悔。我把信用卡收回包包，兩手空空地離開百貨公司。我很高興自己實踐了「當下擁有」，雖然這次並不是用在買東西。我的不安消失了，輕鬆許多。「啊，真高興自己沒有買下手！不然現在會覺得很糟糕。」

下次「當下擁有」的機會很快又出現。在去巴黎的機場裡，免稅店裡很多名牌的區域，有一排飾帶的黑色平跟涼鞋七折特價，打完折只要三百美元。這設計根本百搭，我看了好喜歡，試穿後對著鏡子反覆照著，很滿意。當下拿出信用卡，高興地簽了自己的名字，我覺得這正是我有錢的證明，也投資了自己的未來，嘴角不自覺上揚。

如果是還沒學會「當下擁有」的我，這次的購買經驗不會這麼愉快。把錢花在不是急需的東西上只會讓我內疚。但我還是會買，只是會擔心自己是不是又衝動購物了。現在不同，我不會對自己的決定感到焦慮不安。

這次和百貨公司那次不一樣；百貨公司那次我感到緊張，也有點頭痛；可是這次完全相反，心情輕鬆也很快樂。我知道自己真正想要什麼，也讓我精神煥發。

「各位女士先生，航班馬上就要起飛……」我聽到廣播，閉上眼睛，舒適的商務艙座位在等我，感覺自己在椅子上融化了，這就是有錢的感覺。

16

關鍵字

　　我在巴黎一家百年歷史的酒店大廳等叙玖。裡面佈置著歐式古董家具、酒紅色地毯和優雅的水晶吊燈。這次不同，我沒被高級裝飾嚇到。腳上的黑色涼鞋讓我覺得高興。我低頭看著鞋子正面、側面，不自覺嘴角上揚。

　　這時耳邊聽到熟悉的聲音，「妳看起來很高興。」

　　我轉頭微笑。叙玖笑得燦爛，身穿著有點半透明乳白色的長袖襯衫。印著小花的寬裙子長及膝蓋，末端像美人魚的尾巴。臉上的妝有點珊瑚色的粉紅。她看起來十分迷人。

　　「啊，有錢真好！」

　　我用這句話來代替招呼，突然意識到自己有點失禮，但叙玖只是笑了笑，熱情地回：「洪女士，妳在實踐『當下擁有』？」

　　在上樓的時候，我順便問了她近況。我們走到一部老式拉門電梯裡，那種出現在老電影裡的電梯。上升的時候搖搖晃

晃，發出哐噹的聲音。我嚇得半蹲下來。自己可笑的樣子，讓叙玩和我都不禁笑出聲來。和叙玩相處就像老朋友一樣愜意。

　　進到她房間，窗戶可以看到艾菲爾鐵塔。房間起居室佈置得很樸素。我沒有坐在紅色天鵝絨的扶手椅，而是選擇坐在現代風的米色沙發上。叙玩坐在面對我的沙發。

　　我忍不住把自己實踐的經歷跟她說。我講了在咖啡店決定開始「當下擁有」、看到稅單的小危機、機場買的涼鞋。叙玩時而微笑、時而點頭。她舒服地靠在沙發，不時啜飲咖啡。我感覺她完全同意我。在講經歷時，感覺自己有點忘形。

　　「自從我實踐『當下擁有』後，我感覺自己都改變了。在之前，就算是發薪水，也總是覺得不夠。現在光是買個小東西，自己就很高興。怎麼之前從來沒意識到錢可以讓我這麼快樂？我還想知道更多『當下擁有』的秘密。為什麼它會讓我有更多錢？」

　　叙玩歪著頭，一隻手放在脖子上，像在思考要怎麼解釋我才聽得懂。幾秒後，她眼中發出鑽石般的光芒，看著我。

　　「洪女士，要是讓妳和人工智能相比。想像一下你們都在購物，妳在網路上搜尋要買什麼，然後完成購物。那麼在這過程中，誰更接近致富：是妳還是人工智能？」

　　「呃，妳是說，比較我還是人工智能？靠買東西來看誰更接近富有？」

　　「沒錯，就是這樣。」

　　我曾在電視上看過人類和人工智能下棋。大家都覺得人類會獲勝，但結果剛好相反。人工智能可以立刻分析這一步棋

107

以及往後各種可能局勢，還計算出更多步數。另一方面，人類會焦慮、會煩躁，所以容易下錯。人工智能連續勝了好幾局。報紙都說，未來人工智能會取代許多職位，大多數人會愈來愈窮。這是讓人沮喪又驚悚的報導。

我說：「我覺得人工智能會更富有。它會檢視能花多少錢，比較需要的東西是什麼，然後找到最符合價位的東西，找到最值得的商品。人工智能很理性有效率。人類則容易衝動，過多情感。沒辦法做出完美判斷。」

她清脆地大聲說：「妳提到了關鍵字。」

感覺好像答錯了，我困惑地問：「什麼關鍵字？效率？最值得的？」

「不是，是情感。」

「什麼？但人在情感中，要做正確決定不是很難嗎？」

她溫柔地看著我，抿著嘴慢慢搖頭。

「大多數人並不知道，情感具有寶貴能量，甚至能改變現實。這種能量和生命力相連，這是人工智能無法模仿也無法擁有的，要是能善用它，便能找到財富的泉源。」

我簡直不敢相信我的耳朵。情感可以讓人比人工智能更富有？我再三確定地問：「真的嗎？」

叙玬揚起眉毛，眼睛睜得大大的。

「是的。改變環境的關鍵不是思維而是情感。隨著科技發展，我們對理性產生盲目信仰，若不想被理性支配，成為社會的一顆螺絲釘；那情感就是邁向更美好未來的秘密。『當下擁有』就是用情感來創造財富。」

導師語錄

‧「情感具有寶貴能量，甚至能改變現實。
這種能量和生命力相連，這是人工智能無法模仿
也無法擁有的，要是能善用它，
便能找到財富的泉源。」

‧「改變環境的關鍵不是思維而是情感。
隨著科技發展，
我們對理性產生盲目信仰，若不想被理性支配，
成為社會的一個螺絲釘；
那情感就是邁向更美好未來的秘密。
『當下擁有』就是用情感來創造財富。」

【案例】
裝滿杯子

　　一位擁有一億多不動產的人來找叙玏。他出身貧寒，靠經營企業和投資地產白手起家。他在家鄉的房地產多到只要回鄉就不可能不踩到自己的土地。他一見叙玏就開門見山說出自己的擔憂。

　　「我想把家鄉的土地賣掉，但一直賣不出去。煩到好幾天都食不下嚥。我是不是要降價出售？」

　　叙玏回答：「有大好機會來了。」

　　那人聽了導師的話，下巴都合不攏。「等等，妳是說，我地賣不出去，是個大好機會？請幫我解釋一下……」

　　導師以穩如泰山的口吻向那不耐煩的人解釋：「你現在有機會可以把你的杯子裝滿，恭喜你。」

　　那有錢人急得滿臉通紅，「那我要怎麼做？」

　　「要是能在接下來的六個月裡不賣地，就有機會賺更多。手上的地至少要六個月後才能賣掉，會比你預期要賺的多一點五倍。」

　　「好，我等六個月。」

　　「在大量錢財湧進來前，通常都會有一段停滯期。那只是暫時的瓶頸，就像車多的馬路會塞住一樣。得花點時間通過瓶頸，到時就會有更多錢進帳。這期間努力實踐『當下擁

有』，你的杯子會滿到溢出來，不然的話會連一半都很難達
到。」

　　一年後，那個人眉開眼笑地回來找叙玟。「李女士，我
真是太感謝妳了！有消息說，周邊地區要開發，房地產價格
飆升。真是多虧了妳，我賺了三倍的錢。」

　　叙玟笑著回：「恭喜你，這是你努力實踐『當下擁有』
的結果。你的成功是因為在這六個月裡，沒有失去自己應有
的心態。」

❖

17

情感

　　導師開啟了一扇新的大門：情感。致富的驅力來自內心，而不是父母留下的遺產、天才的頭腦、不凡的創意、鬼斧神工的技術。我苦苦尋找的目標並不遠，一想到這個，內心就激動不已，我不斷問：「妳說的是哪種情感？」

　　叙玩手指捧著咖啡杯，啜了一口，用棕色的眼睛看著我，說話的音量幾近氣音。

　　「妳現在最自然的情感。」

　　頓時，我心涼了半截。已經很久沒人問我感覺了。在這競爭激烈的世界，我一直把情感當成是多餘的；流露情感代表著在別人面前示弱。我只要每天上班、賺錢、競爭。然後情感慢慢變鈍，變得愈來愈像個機械。父親死後，我心裡的情感變得扭曲，就算心再怎麼痛，也沒那麼容易哭出來。

　　我對叙玩說：「在這之前，我一直認為情感是要被壓抑的。但我想我錯了。」

她安慰說：「這個時代，每天都有激烈的生存之戰。妳被洗腦成只有理性才能在這世上生存。於是妳戴上面具，不讓情感流露。但能讓妳脫離現在窘境往更好地方前進的關鍵，正是妳內心的情感。情感才是答案，它是這宇宙給妳的能量。」

　　我靠向桌子，問道：「我從來沒想過情感有這樣的力量。我很好奇，它背後有什麼原理嗎？」

　　叙玩笑了，好像早就料到這問題。她靠在沙發上，兩腿交疊。印著花朵的裙子摺邊像有生命一樣，隨著她姿勢改變在舞動。

　　「我相信妳聽過量子力學。」

　　我事後做了點研究。一些量子學家認為物質形態並非固定。物質的形態有分物質波或是物質粒子兩種。但它不是二擇一，而是以機率分布的方式存在。而且物質形式也不是一成不變。身為觀察者的我們，會影響物質存在的形式和位置。換言之，我們的觀察，會形塑身邊的物質。我們的內心可以形塑周圍生活的世界。

　　但那個時候的我還不懂，所以我直白地問：「呃……我不清楚妳在說什麼？」

　　叙玩聽了後，拿起桌上半杯水的玻璃杯。她用纖細的手指輕輕拿著。

　　「洪女士，這杯水真的存在嗎？」

　　「這杯水，看起來……是啊……」我回得很沒信心，唯唯諾諾。

　　導師笑了笑，解釋說：「就傳統物理學來看，妳和玻璃

杯各是獨立存在，不會互相影響。但從量子力學的角度，這玻璃存在的位置和妳有很大的關係。玻璃杯之所以存在，是因為妳感知到它。所有物質的存在位置，都是一種機率分布。」

「啊……如果它會因為我的知覺而改變，那是不是代表我可以用我的感知來改變物質？」

叙玓露出大大自信的笑容，她說我理解得完全正確。然後伸手從桌上拿了塊巧克力餅乾，上面有杏仁薄片。她輕聲問：「洪女士，妳做過餅乾嗎？」

我伸手拿餅乾，甜甜的香氣看來烤好沒多久，還有點酥酥的。「是啊，我很愛烘焙。平常工作排得滿滿的沒什麼時間陪兒子。但我們週末常常一起揉麵團，做餅乾。看到麵團在烤箱被烤到酥黃的感覺真棒。」

她回答：「那就想像一下做餅乾吧，感受一下有個麵團在妳手上。」

我閉上眼睛，想像自己以及兒子的小手捏著柔軟的麵團，把它做成圓形、心形，瞎鬧一番。兒子的笑聲彷彿就在耳邊，我整個人亮了起來。

睜開眼睛時，我發現叙玓在笑，好像感受到我的情緒。她用像指揮管弦樂的口吻說話。

「我們的未來就像一團麵團。它有著各種不同可能性。我們的觀察、感知還有對自己情感的感受，是形塑麵團的能量。等麵團烤好後，它就會變成我們眼前的現實。這麵團揉捏和烘焙都在我們的掌握中。」

「啊！我想我明白了。『當下擁有』就是這樣的情感。

感受到此刻自己有錢真是太幸福了！所以『當下擁有』會創造一個『我有錢的世界』？」

　　「正是如此。妳可以改變自己身邊的世界。妳具有創造未來的力量。但妳要適當揮灑妳的情感。」

　　「我們得記住，我們並不直接觀察到自然。但自然會透過我們問問題的方式，在當中顯露。」
　　　　　　　　──維爾納‧海森堡

　　「幾年以前，義大利莫札市議會禁止市民將金魚養在圓形金魚缸裡。提案人指出這樣做很殘酷，因為當金魚凝視外面時，圓弧形的魚缸會讓金魚看到扭曲的真實。但是我們又怎麼知道自己有未受扭曲的真實圖像呢？」
　　　　　　──《大設計》史蒂芬‧霍金

導師語錄
· · · · · · · · · · · · · ·

● 「能讓妳脫離現在窘境往更好地方前進的關鍵，
　　　正是妳內心的情感。情感才是答案，
　　　　　它是這宇宙給妳的能量。」

● 「我們的未來就像一團麵團。它有著各種不同可能性。
　　　我們的觀察、感知還有對自己情感的感受，
　　　　是形塑麵團的能量。等麵團烤好後，
　　　　　它就會變成我們眼前的現實。
　　　　這麵團揉捏和烘焙都在我們的掌握中。」

　　　　　● 「妳可以改變自己身邊的世界。
　　　　　　妳具有創造未來的力量。
　　　　　但妳要適當揮灑妳的情感。」

峰迴路轉

一位年輕的商人，三十幾歲透過專利代理外國品牌服飾，賺了很多錢。他自信滿滿，把生意擴展到連鎖餐廳。但事情沒他想像的順利。新的事業投資了數百萬美元，過了一年都還沒開始賺錢。他壓力很大，連作夢都夢到錢飛走了。於是他跑來找導師。

叙玩問他：「你錢包裡通常帶多少錢？」

「二十美元和一張信用卡。」

那名男子解釋說，自己小時候幫忙跑腿，帶了很多錢在身上，卻被人扒走了。回去被母親狠狠罵一頓，從此不敢在身上帶太多錢。「我擔心會有人把我錢偷走，所以不敢帶太多錢在身上，也常檢查皮夾。」

叙玩友善地建議，「放一萬元在皮夾，帶在身上一個月。」

那人很震驚，「什麼？妳要我帶這麼多錢在身上？簡直無法想像！」

「要是覺得太多，那就從一千元開始吧，之後再一點一點增加。你會慢慢改變對錢的情感。」

一開始，那男子不解叙玩奇怪的建議，但仍信任她。之後在皮夾放了一千美元。他緊張得每天都會檢查數次皮夾，

深怕錢不見。隨著時間過去，對皮夾裡的錢也愈來愈自在。後來愈放愈多，一個月後，那人的皮夾已經放了一萬美元了。

　　他帶著的錢財愈多，他對錢的感覺也產生變化。他實踐了導師的建議，擔心錢不見的心態消失了，反而還因為知道自己有錢感到安心。他對錢的情感改變，讓他更注重自己擁有的事物，從而發現新的隱藏商機。

　　他說：「我習慣自己擁有那麼多錢後，我不再擔心害怕了。口袋裡有那麼多錢，反而讓我高興。」

　　對錢的情感改變在現實中幫他賺進更多的錢。兩個月後，他陷入泥沼的公司突然開始賺錢。不久就打平之前的支出，再之後一個月的淨利，剛好是一萬美元。

18

當下擁有的信號

我可以改變自己眼前的世界！只要用我的情感。我在心中反覆思索，不再覺得這有什麼奇怪的。

日常生活中不時會有這樣的例子，只是我們沒認真看待過。我記得曾有位同事，在公事的社交聚會上分享了自己的經驗，現場有許多官員、教授、執行長。

「兩個禮拜前，我在紅綠燈前等車，被後面的車不小心撞了一下。保險桿有點刮傷，但沒什麼大不了。我當下和那位肇事的小姐說沒關係，可以離開。她有點驚訝，離開時不斷道謝，那感覺真不錯。」聚會上的人都專心聽著，他繼續說：「過了一個禮拜，我在百貨公司停車場，倒車進停車格，不小心撞到後面的豪華轎車。那車主摸了好幾次被撞到的保險桿，說可以離開沒關係，突然有種好人有好報的感覺。」

想到叙玩的話，這就說得通了，那人用了「當下擁有」改變了他的世界。

我也有類似的經歷。我發現最近很多意料之外的小筆金額進帳。一位朋友還了很久以前向我借的幾百美元。還有出差的津貼也匯進來了。整理抽屜時，在裡面還發現之前藏在裡面的幾百美元，那是幾年前我從國外回來後放的，結果我自己都忘了。

　　跟叙玩聊過後，我不覺得這些只是巧合。以前我支票帳戶通常沒多少存款，因為我很積極在節制開銷，一有錢就轉到儲蓄帳戶和退休基金。但現在各種小額資金進來，現在戶頭裡有幾萬美元，我可以用它來償還學生貸款，採取和平常不一樣的運用方式。雖然這些錢進來是理所當然，但每次檢查餘額，看到這美妙的數字，我都會興奮。現在想一想，一定是我的情感幫我把錢招來。

　　回到我和叙玩談話的當下，她把咖啡放回桌上，雙手合十看著我。我感覺她要講什麼重要的話。

　　「我想該是教妳什麼是『當下擁有』的信號了。」

　　「信號？」我耳朵豎起。

　　「是的，在十字路口不是紅燈停，綠燈行嗎？這手勢就像交通號誌。妳可以在消費時使用，檢測自己是否是處於『當下擁有』。綠燈表示可以消費，紅燈表示停止自己要做的事。」

　　「我怎麼知道這燈是什麼顏色？」我回想自己實踐「當下擁有」的經驗，我曾困惑自己的決定是否是對的；它並不總是像藍色涼鞋和黑色涼鞋的例子那麼好區分。

　　「妳有使用過『當下擁有』的信號。妳分享了在百貨公

司沒買的藍色涼鞋的經驗。我們現在回去看看，當下妳要買的時候，內心的感覺是什麼？」

我回答：「不安，很緊張，好像有人在背後拉我，或是有什麼東西掉了，所以我放下涼鞋，兩手空空走出來。」

「正是如此。紅燈亮了所以妳停止。妳有沒有看過賭徒？」

「我在賭場見過他們，老是眉頭深鎖在抽菸。」

「其中有人看起來是舒服或是放鬆的？」

我連忙搖頭，「沒有，剛好相反，個個都陰沉沉的，垂肩駝背憂心忡忡。」

叙玏高興地鼓掌，「對，那就是憂慮和不安。要是妳行為和內心背道而馳，妳就會感到不舒服。此時身體對大腦發出的『當下擁有』信號，妳覺得會是什麼顏色？」

「一定是紅色。」我回答。紅色代表發愁和不安、焦慮、擔心。

我又問了：「那綠燈又是什麼樣的感覺？」

「綠燈時，會覺得舒適。妳在做妳真正想要做的，那是多麼自然的事，就像行雲流水一樣。」

我想起在機場買黑色涼鞋的感受。整個人神清氣爽，輕飄飄的。手腳都覺得暖和。我的身體已經知道答案，就像叙玏說的那樣自然舒適。

我低頭看著腳上的涼鞋。黑色的帶子反射出光芒。我感到幸福，像一首繚繞的旋律，持續鼓舞著我。「我想我能分辨出信號。買這雙鞋的時候一定是綠燈。現在看到後心情還是很

好，我身心都知道答案。」叙玟舉起劍指在右眼前，我跟著模仿她的動作，問道：「這是什麼？」

　　「檢查『當下擁有』信號時做這個動作。能量會從妳的額頭、到鼻子、嘴巴，一直流向身體中心。用妳的手指去感受錢的流動，從頭到腳的流動。我教過不少有力人士這個手勢，他們說這辨別方式很有效。」

　　「『當下擁有』的動作。」原來如此。那天談話快結束時，叙玟交叉雙腿，兩手放在膝蓋上，親切地解釋：「『當下擁有』讓妳充分感受自己內心想要的。當妳聽從內在聲音時，這狀態會是最舒服也最自然的。但平常身邊雜訊太多，並不是每次都能清楚聽到內在聲音。」

　　她接著說：「妳內心聲音會告訴妳『當下擁有』的信號。答案就在心中。一開始可能會有點不習慣，但用這個方法，妳的注意力會不斷集中在內在聲音，慢慢地會愈來愈清楚

自己的情感，同時內心的自在感和熱情也會愈來愈強壯。」

　　我真心相信自己能辦得到。我不記得上次有人鼓勵我相信自己是多久以前。我全心全意回答：「好。我會用這『當下擁有』的手勢培養情感，好像沒那麼難！」

導師語錄

●「這手勢就像交通號誌。妳可以在消費時，
　　知道自己是否是『當下擁有』。綠燈表示可以消費，
　　紅燈表示停止自己要做的事。」

●「要是妳行為和內心背道而馳，妳就會感到不舒服。」

●「紅色代表發愁和不安、焦慮、擔心。」

●「綠燈時，會覺得舒適。妳在做妳真正想要的事，
　　那是多麼自然的事，就像行雲流水一樣。」

●「『當下擁有』讓妳充分感受自己內心想要的。
當妳聽從內在聲音時，這狀態會是最舒服也最自然的。」

●「妳內心聲音會告訴妳『當下擁有』的信號。
　　答案就在心中。」

●「用這個方法，妳的注意力會不斷集中在內在聲音，
　　慢慢地會愈來愈清楚自己的情感，
　　同時內心的自在感和熱情也會愈來愈強壯。」

導師的故事
暴風雨來臨

「叙玧，我們完了。債主上門來，把家裡翻得亂七八糟，該怎麼辦？」

終於來了。叙玧聽小妹哭著跟她說。亞洲金融危機，父親的公司破產。那時叙玧才大學一年級。債主找到家裡，大聲叫囂要找她父親，家具還被他們貼上被扣押的標籤。事實上，叙玧早就料到有這一天。

從高中開始，她就不斷對父親發出警告：「爸爸，兩年後公司會碰到危機。你最好早點做好準備。」但每次父親都不聽，「開什麼玩笑，我們的發展正值巔峰，生意好得很，操什麼心！專心讀書吧。」

父親不願相信，叙玧也無能為力。破產後，一家人絕望地站在凌亂的客廳，只有叙玧很平靜。家人驚訝她為什麼能這麼平靜。叙玧安慰心急如焚的母親和焦躁的妹妹，讓她們重新振作。

「此時，保持冷靜是最重要的。總會風平浪靜。等最糟的時候過去，會有人來幫忙，問題會迎刃而解，不用那麼擔心。」

「飄風不終朝，驟雨不終日。」

　　　　——老子

她知道危機能否變成轉機，取決於一個人在其中下了怎樣的決心。有八起民事訴訟，拿他們的房子和資產做抵押品。家裡經濟困難，但也因為叙玩的關係，家人們再次鼓起勇氣。她一如往常地上學，藏起自己的情緒，連她最好的朋友也不知道。

　　第二年，她遇到一般二十多歲的年輕人會遇到的困難。雖然知道自己將會不順，但她還是感到痛苦。被前男友跟蹤、被最信任的朋友背叛。她採納了自己明知有問題的建言並承受失敗。她知道要避開這種精神折磨，但這難過的心情卻很真切。每天的日子都很煎熬，體重掉到四十二公斤，身邊的人都很擔心她。

　　就算日子難過，她對精神的研究也沒放棄。她記錄並反思自己的感受，還有自己是怎麼克服痛苦。有了這樣的經歷，可以把自己和人際關係中遭到不幸的人連結起來。她常在想，要怎麼安撫別人心靈。這些都是從書中學不到的寶貴經驗。

　　幾年過後，叙玩父親處理完破產的問題。不久，母親改善家裡經濟情況。叙玩的健康也好轉了。經歷這次危機，她又變得更加成熟。

　　到了二十多歲，叙玩就已經是十足穩重的導師。世界正好來到千禧年，叙玩也準備好迎接新世界。

Part IV

19

紅燈

　　聊完後，我和叙玭在晚上到戶外走走。我早就想在塞納河畔散步。一艘滿載遊客的船上相機閃光燈閃不停，艾菲爾鐵塔反射著星光，情侶們在長椅上享受浪漫的甜蜜，旁邊經過的路人也享受著夜遊的樂趣。也許是我心情好的關係，整個城市美得不得了。我恣意享受身在巴黎的每一刻。自從學會「當下擁有」，我意識到活在當下有多麼重要。

　　散步時腦子想到叙玭。人們對她的描述像是童畫書裡走出來的人。說她洞察力驚人，有錢人爭相找她諮詢，從六歲開始研讀經典著作，二十多歲變成導師，她的早熟增加了神秘感。目睹本尊無疑是位美女，男人無法不多看她一眼，她給我的感覺像另一個世界的人，一開始會覺得應該很難親近。

　　不過和叙玭相處過後，我發現我錯了。她比我所有認識的人都更熱情、友善。就算是最瑣碎的小事她也能體會我的感受，願意全力幫助像我這樣的普通人。人們在和別人建立關係

時，都會盤算和對方往來有什麼好處。我和叙玧見面時我也有做這樣的盤算，但我卻感覺叙玧一點這樣的念頭都沒。就算我對她一點都沒幫助，但交談時，她讓我覺得我是世界上最重要的人。

有時候我會好奇她的私生活。她是否有什麼原因一直沒結婚？她適合什麼樣的男人，或是她是否一直孤身一人在研究命運。我想，等我跟她更熟一點後，再問她這些問題。

此時，手機震了一下，有新的電子郵件。一家我常逛的網路購物平台的促銷活動快結束了。正好可以來練習叙玧教的「當下擁有」信號。回到旅館馬上打開筆記型電腦。

「哇！三折，還有的兩折！平常只能買一個，現在同樣的錢可以買四、五個，太棒了！」

之前在這網站看上的衣服也在打折。我哼著歌把購物籃裝滿。

「象牙白的洋裝，四十美元……和我的黑色涼鞋很配。灰色棉質洋裝，六十美元。很適合週末時候穿；我想像著自己穿著它和兒子一起去遊樂場玩。還有件三十美元的睡衣，晚上可以很放鬆地穿著它。」

光是用想的就很高興。我用導師教的手勢，伸出右手食指和中指，放在右眼前。我很高興買了這些東西。腦內啡充滿全身，整個人精神很好，這絕對是綠燈。我興致高昂點下購買的按鈕，電腦跳出確認的視窗。我感到滿意。

就在要按下確認前，猶豫了一下。「等等，這機會不是每次都有，不如再買點冬衣。」我回去前頁，找前一季特價的

冬衣。「這件紅色的毛衣好好看……很便宜，我買得起。這件白色長襯衫跟我家裡那件好像……要不要也順便買？只要平常三分之一的價格，有何不可？」

我又花了半小時挑衣服，準備要購買。但感覺有點奇怪，和第一次不同，我覺得不舒服，心裡好像有什麼東西在刺。我猶豫了一下，特價再幾分鐘結束，在時間壓力下我按了結帳鈕。「好吧，沒事的，我就要變成有錢人了，買這些又會怎樣？」

我意識到自己一直盯著螢幕上的確認視窗。我看愈久，感覺不對，髮根緊張地都豎起來了。我用手勢檢查一下信號，「喔，是紅燈。」

我很快檢查購物清單，逐一檢查商品，區分綠燈紅燈。第一次買的象牙白的洋裝無疑是綠燈，灰色棉質洋裝和那件睡衣也是，一樣覺得很滿意。但第二次買的紅色毛衣和白色長襯衫是紅燈，再次看的時候感到噁心，快吐出來了。這兩件絕對和別的不一樣。

我毫不猶豫打開清單，點擊取消。壓在身上的重量突然消失。自在和滿足取代了焦慮。現在我已經感受到這情緒，能清楚分出紅綠燈之間的區別。

第二天早上，我在房間裡很晚才吃早餐——牛角麵包配咖啡。當咬下麵包時，表面脆皮在口中嘎吱地碎滿嘴，奶油的香氣和咖啡苦味混合在一起。窗外的晨光照耀著巴黎，我自然而然就「當下擁有」，不需要提醒。

我戴上太陽眼鏡出門，飯店外是明媚的陽光，我想把昨

天使用信號的經驗告訴敘玧。

　　我在酒店大廳等著敘玧，內心有音樂響起。但約好的時間已經過了二十分鐘，敘玧還是沒出現。我從櫃檯打電話到她房間，沒有人接。不對勁，她不是那種一句話都不交代就爽約的人。我有不好的感覺，想到她身體這麼脆弱。我急忙到櫃檯和酒店人員解釋，在員工的陪同下到她房間。酒店員工敲敲門，裡面一點聲音都沒。

　　員工用鑰匙打開門，我跑進房間，發現敘玧倒在地上，只穿一件白色浴袍。浴袍裡的四肢顯得更削瘦了。她頭髮是濕的，貼在臉上、脖子和胸前。眼睛閉著，淡粉色的唇微微張開。

20

感受舒適

　　我衝去握住叙玩的手，急忙叫喚她名字。我願意做任何事來幫她。我突然感到內疚和自責，因為昨天晚上我拉著她在戶外走了好幾個小時，根本沒考慮她的身體狀況。我哭著叫喚她，叙玩慢慢睜開眼，我看到她的瞳孔後鬆了口氣。「妳沒事吧，知道我是誰嗎？」

　　她慢慢把目光轉向我，虛弱地點點頭。我扶她上床。酒店員工問我要不要叫救護車。叙玩慢慢搖頭，她聲音小得快聽不見。「請給我水。」

　　我倒了杯水給叙玩，她喝了一口後又躺了下來。我在想是不是去醫院比較好，但決定權在她手上。她閉上眼睛的樣子，就像朵潔白的百合花。然後又慢慢張開眼睛，用力想擠出微笑好讓我安心。我很感動也很後悔。

　　叙玩再次開口，「我……沒事。」

　　我留叙玩在房間休息，決定晚上再見面。離開後我去了

羅浮宮——一座裝潢優雅的博物館，館藏有希臘和羅馬時期的雕塑以及歐洲頂尖藝術品，但我無心欣賞，一想到躺在床上的導師就覺得難過。

我內心想著：她幫人致富的負擔竟是這麼大。叙玧就像太陽一樣，對我以及別人發射能量波。這些光芒讓我身心都充滿能量，心中充滿希望。她給了我希望，卻消耗自己的能量。對她我既感激又感到抱歉，不知道她肩上的擔子是否太重。我覺得我有責任，希望能有方法報答她。

到了傍晚，我去她的飯店。她很快就出現，帶著迷人的微笑，和不久前癱軟在地板上的她判若兩人。就像平常一樣，餐廳裡的男人都會多看她一眼。

現在既然知道她花了這麼多精力在陪我，我無法放鬆，我謹慎地說：「妳還是多休息休息……我不介意回韓國去。」

她和善地回：「被周圍的人這樣關心，我感覺很糟。要是現在送妳回去，我會非常內疚。」

那驚人的心靈能量和強大意志像在背後支撐著她。我想依著她的意願可能比較好。我決定繼續和她談「當下擁有」。

點完餐，我把昨天信號的事跟她分享。「第二次再購物時感覺不舒服，馬上就取消了，那應該是紅燈，對吧？」

「洪女士，這正是妳出色的地方，妳不但完全理解我說的，也能付諸實踐。做得好，妳判斷得很對，那是紅燈，妳憑自己找到了答案。」

叙玧優雅地笑了笑，鼓勵著我。她周圍有一種舒服溫暖的能量，我對她的健康擔心減輕了些。

「舒適是『當下擁有』的核心。真正的舒適，是當妳行為和靈魂真正想要的完全一致時，所產生的情感。這感覺很自然，就像流水一樣讓海浪載著妳，是引導妳致富的信號。」

　　隨著水流載浮載沉的感覺很舒服。敘玖笑了笑，話峰一轉。「洪女士，妳皮夾裡有鈔票嗎？能不能拿出來看看？」

　　我從皮夾裡拿出二十歐元的鈔票。敘玖指著我的錢問：「妳會對這些錢感到不安嗎？」

　　「不安？完全沒有。我通常都放這樣的金額在皮夾裡。」

　　她不發一語地微笑，看到她的笑容，我突然想通了什麼。

　　「哦……我想我明白了。『當下擁有』的時候，會自然而然覺得舒服。」

　　導師表示贊同，她從桌上拿起一杯清水。這個鐘形的玻璃容器裝了約三分之二的水。敘玖突然晃動杯子然後停下。看著我問：「想像一下，要是這杯水就是妳的財富，水是裡面的錢。要是妳劇烈搖晃杯子，會發生什麼事？」

　　「水會灑出來。」

　　「妳心靈的杯子也一樣，水不會留在晃動的杯子；錢也不會留在操煩的心靈中。在妳感到舒適的時候，就像完全靜止的水。我認識的富人中，很多都對自己有錢感到舒適。不是因為有錢才舒適，而是因為舒適才有錢。」

　　這時我點的開胃菜——法式洋蔥湯——送了上來，我一邊思考敘玖的話，一邊用湯匙舀出湯裡的起司。我想到阿里巴

巴總裁馬雲的報導，那是我在來法國的班機上讀到的。

「我讀過一篇有關馬雲的報導。他從不說『我不高興』，而是說『我覺得不舒服』。馬雲會變有錢人，是因為他也對錢感到舒適嗎？」

敘玩聽了後面露喜色，「妳提到一個很好的例子。我確定馬雲也懂得『當下擁有』。『我覺得不舒服』的反面就是『我覺得舒服』。這暗指了『舒服』才是常態，舒服或是舒適就是『當下擁有』的核心。」

她放下杯子，「我也注意到他總是會說『我不舒服』，而不是說『我不喜歡這個』或『這個很討厭』之類的其他說法。他把『舒服』印記在自己心中。這代表他已經知道『當下擁有』是致富的關鍵，『舒服』就像磁鐵一樣幫他把錢吸過來。」

聽到後我頭歪一邊。我不太明白，「等等，『把舒服印記在心中』？」

「是。『我覺得不舒服』，暗示著要回到舒適的狀態。我們大腦不會識別不存在的東西。只要有任何詞彙都會在大腦裡出現印象。當妳心裡在想『我不舒服』的時候，『舒服』一詞就會出現在腦海裡。但妳要是說『我很生氣』，那『生氣』就會印記在腦中。所以妳聽到一個人說『我覺得不舒服』就意味著，那個人默認的狀態就是舒服。」

導師語錄
....

●「舒適是『當下擁有』的核心。
真正的舒適，是當你行為和靈魂真正想要的完全一致時，
所產生的情感。這感覺很自然，就像流水一樣，
讓海浪載著妳。」

●「妳心靈的杯子也一樣，水不會留在晃動的杯子；
錢也不會留在操煩的心靈。
在妳感到舒適的時候，就像完全靜止的水。
我認識的富人中，很多都對自己有錢感到舒適。
不是因為有錢才舒適，而是因為舒適才有錢。」

●「當妳心裡在想『我不舒服』的時候，
『舒服』一詞就會出現在腦海裡。
但妳要是說『我很生氣』，那『生氣』就會印記在腦中。
所以妳聽到一個人說『我覺得不舒服』就意味著，
那個人默認的狀態就是舒服。」

21

訓練心智的肌肉

　　我很驚訝，她說有錢人會把他們需要的詞印記在自己身上，不管是自發的或是從其他地方學來的，但他們知道「當下擁有」的核心詞是「舒服」，然後把這個關鍵詞印在自己腦海裡。叙玧微微一笑後說：「我對數以萬計的真富人分析，他們潛意識會把必要的詞彙編到自己大腦，有人甚至是強迫性的，這是真富人的共同點。」

　　「哇喔，強迫自己彙編？」

　　「是的，真富人的生活規律，是依照潛意識接收到的訊息和個人信念在走。馬雲的『我感覺不舒服』會幫他把負面概念過濾並且恢復平衡。這樣會讓他有能量能平衡意識並回到常態。」

　　我回想父親彙編在我腦中的詞彙，「我一直都往反方向在走，我父親告訴我，要時刻謹慎並小心錢，不然就會變窮。而我信了，覺得只有勒緊褲腰帶，感到壓力才會有錢。我害怕

自己太過放鬆，錢會像沙子一樣從手中滑落。從小就在記錄花在零食上的每一分錢。」

看到她專注的眼神，我繼續說：「就算長大後，錢包裡也沒放超過一百元，因為怕自己浪費掉。拿到薪水，把該付的帳單付完，就會把錢存下來。只剩下一點點錢去買化妝品和衣服。我對錢的擔憂遠超過想讓自己快樂的想法。」

此時，我們點的主菜來了。是我最喜歡的鴨胸肉，我俯身聞了一口；叙玧點的是龍蝦，她也低頭聞主菜香味，臉上氣色又更好了。我邊切肉邊問：「我一直以為我應該把『壓力』放第一順位，我要怎樣對錢感到『舒服』？」

叙玧突然放下手中的刀叉。沒有回話，只是彎曲手臂，然後又伸直，像是啞鈴二頭肌的訓練動作。臉上閃出淘氣的笑容，我不自覺在模仿她的動作。

「洪女士，妳知道妳手臂的肌肉，可以收縮也可以拉伸對吧？」

「是啊。」

「那好，當妳在彎曲時，會有很多肌肉相互配合完成動作。伸展時這些肌肉又會往相反的方向動作。妳不可能要它們同時做收縮又拉伸。」

這當然啦。我模仿她的動作手臂向內彎。叙玧覺得已經夠了，便放下雙手。

「我們的情緒也是一樣，不能同時緊張又放鬆，不會同時感受兩種矛盾的情緒。妳的心能夠感受快樂，也能感受焦慮。妳的狀況是焦慮完全蓋過快樂。」

「啊……」

「從生理的角度來看，壓力會讓肌肉糾結在一起。它所放出的能量也是一樣。憂慮的能量會讓宇宙波長打結，錢流進來的速度會變慢。嚴重的話會完全停滯。」

這個比喻很貼切，工作壓力大的時候，脖子是僵硬的，肩膀也會因為血液循環不良而痠痛。壓力會讓身體能量不流動，錢也是一樣，緊張的能量會阻礙財富流入。

「反過來說，妳對錢的感覺是舒服快樂的話，就會和宇宙舒服的波長相連接。妳釋放什麼樣的情緒能量，宇宙就會回饋妳什麼樣的情緒能量，就像面鏡子，這也會讓妳對錢財的感覺變得舒服。洪女士，妳腦子裡有兩塊磁鐵；焦慮和憂慮會把錢推開，快樂和舒適會吸引錢。」

「那人們怎樣讓自己快樂舒適呢？」

她眨了眨眼睛，「妳已經知道答案了。」

「喔……妳是說『當下擁有』？」

「是的，就是這樣，洪女士，妳有重訓過嗎？」

「我最近打算重新開始鍛鍊，我也想要有強壯的肌肉。」

我每天早上都下定決心，要徹底訓練還有執行飲食計畫。當然了，我從來沒真的實踐過。我每個禮拜至少要運動一次。一想到便不好意思地笑了笑。

她說：「訓練妳心智的肌肉就跟訓練身體的肌肉一樣，愈鍛鍊會愈強大。妳實踐『當下擁有』愈多，妳這方面的心智也會愈強，久了就會發現對錢感到舒適會愈來愈容易，而且感

受也愈深刻。同時妳的焦慮和擔憂也會隨之不見。」

　　光是聽叙玩這麼說，我覺得我心智的肌肉已經長出來了。此時我鴨肉已經吃完，忍不住關心一下她的身體。「妳真的沒事吧？要是講得太多，今天可以到此為止。」

　　叙玩一邊說一邊看著我。

　　「洪女士，妳是個很善良的人，謝謝妳的關心，要是我有什麼難處，我保證一定會讓妳知道。」

　　我總覺得跟她在一起的時候，我的需求被放到了她眼前。突然意識到她會被尊為「富人的導師」不是沒有理由的。她總是把別人看得比自己還重要。她很有個人魅力，一直以來都是如此。

導師語錄

●「壓力會讓肌肉糾結在一起。它所放出的能量也是一樣。
憂慮的能量會讓宇宙波長打結，錢流進來的速度會變慢。
嚴重的話會完全停滯。」

●「妳對錢的感覺是舒服快樂的話，
就會和宇宙舒服的波長相連接。妳釋放什麼樣的情緒能量，
宇宙就會回饋妳什麼樣的情緒能量，就像面鏡子，
這也會讓妳對錢財的感覺變得舒服。
妳腦子裡有兩塊磁鐵；焦慮和憂慮會把錢推開，
快樂和舒適會吸引錢。」

●「訓練妳心智的肌肉就跟訓練身體的肌肉一樣，
愈鍛鍊會愈強大。妳實踐『當下擁有』愈多，
妳這方面的心智也會愈強，
久了就會發現自己對錢感到舒適會愈來愈容易，
而且感受也愈深刻。同時妳的焦慮和擔憂也隨之不見。」

比預期中少的遺產

　　有一天，一位小商人的父親叫他回老家。父親得了一種慢性病，病情正在惡化，父親把小商人和他的哥哥叫到眼前分遺產。父親在這地方有許多地產，是前幾代祖先留下來的。父親留給經濟狀況較差的哥哥更值錢的農地，小商人則繼承了難以出售的山地。小商人又氣又急地來找叙玧。

　　「我哥的經濟狀況是不好，可是父親也太過分了。我繼承的土地一文不值。雖然我可以當作什麼都沒得到，但還是氣不過。我嫉妒哥哥，也恨我父親；他從小就對哥哥偏心，一直到快去世都是。」

　　這商人從沒對任何人說出心中的想法，但他在導師面前一股腦兒全說出來。他父親從小就偏愛哥哥，兒時回憶對他傷害很大，負面情緒愈來愈強烈。導師聽了他的故事，給出建議。

　　「客觀點來看，你繼承的那山地時機非常好。那土地現在值多少錢不重要，它在三年內會讓你賺很多錢；可是有個先決條件，你得先控制好負面情緒。你現在處於的水流會讓你致富，要是你被負面情緒淹沒，就會沒辦法順著財富的水流前進。」

　　商人把叙玧的話放在心上，真誠地對待自己的身心。完成每日工作，便早早回家。一個人獨自和負面情緒搏鬥。

「我不能對負面情緒屈服，我正在邁向財富之路，要是我能待在正確的航道，我會自然被推向前。」冷靜後，商人平靜地接受父親的決定。在父親晚年好好照顧他，直到去世。

父親死後，商人的哥哥賣掉了農田。但商人相信叙玠，沒有被焦慮所困。「導師說我會跟著財富前進，現在還不是時候，我最好先別賣掉手上的地。」

他對導師的信任和耐心的等待有了結果，終於有消息傳出，他的地未來會被開發成住宅區，出售價格高達一千萬美元。他用那筆錢來擴張生意，現在他的公司每年營業額高達一億美元，而且持續增長。那商人後來又去找叙玠，「真正的關鍵是人的心，我聽取了妳的建議，努力控制自己的心靈，之後好運滾滾而來，我非常感謝妳。」

22

忍不住緊張

「我知道舒適才是最重要的，但我沒辦法總是保持。我經歷過不少赤字的窘境，薪水也算不上優渥，要是克制不住內心要怎麼辦？」

叙玩解釋焦慮的後果都很有道理，但我不確定自己每次都能成功。在跟叙玩見面前，我一直擔心，她都是幫百萬富豪諮詢，會不會不能理解像我這樣普通人的感受。

「我知道在買東西時，信號如果是紅色的，就停下正在做的事。但也有一些花費是我沒得選的，像是水電費、房租、小孩的學費，這些費用會自動從帳戶裡扣，可是裡面的錢並不是每次都夠。每次一到付款期限，我就很焦慮。」

我記得曾在報紙上看過一篇千禧世代的調查報導，針對十八到三十四歲，一千兩百名受訪者。大多數人都擔心短期經濟狀況。百分之六十三的受訪者，表示難以負擔五百美元的額外支出；百分之五十九的受訪者操心學生貸款；百分之七十八

還表示對自己未來能否得到高薪擔憂；百分之七十四會擔心額外付出的醫藥費；百分之七十九的受訪者會擔心退休金不足的問題。

我把千禧世代的金錢焦慮調查描述給叙玩，她靜靜拿著涼茶喝了一口，然後抬頭對上我的目光，好像完全能理解我想表達的。

「焦慮是自然、也是意料中的事。就像在海浪上航行的船隻會搖擺一樣。為了短期的財務目標，妳可以盡情焦慮，但不能因為焦慮而失去本來的目的。我們航向對準的是財富，妳的目的是成為一個真正的富人。旅行的途中，船會碰到巨浪而顛簸、妳甚至會暈船，這都很正常。問題是，要是妳因為焦慮而翻船，自己受困其中，那就會永遠也到不了目的地。別忘了，船的顛簸也是旅程的一部分。」

她的聲音有一種神奇的力量，讓我感受到平靜。

「對很多人來講，焦慮使他們的船偏離航道。愈是努力要控制，結果往往都是觸礁、陷入風暴或是變得更偏離。」

我點頭如搗蒜，我常有這樣的經驗。焦慮像沒有氣味的煙霧充斥心靈。隨著它的增長，我變得更焦躁、沮喪、嫉妒、自我折磨。最後這些情緒把能量都耗盡。

我大學四年級時，曾參加主播考試，我一直很羨慕播報新聞的記者。我筆試成績是低空飛過，然後要準備實習錄影。雖然眼前的稿子已經背得滾瓜爛熟，但讀稿時卻支支吾吾。

等到真的考試時會不會搞砸了？不能再緊張到唸錯字或是結結巴巴。

心裡愈來愈焦躁，就快輪到我了。全身不受控制在發抖，手腳也抖個不停。焦慮和害怕，蒼白的兩手在冒汗。進入播放室時，我覺得自己完蛋了。聚光燈照耀下，眼睛一片空白，緊張得什麼都看不到。開始沒幾秒，本來練到很順暢的句子，被我結結巴巴地唸了出來。

我搞砸了！天吶，我該怎麼辦？

焦慮到不行，每一句都吃螺絲，到最後一句時根本發不出聲，面試官一定在偷笑。我太害怕了，過分擔心而失敗。這件事對我打擊很大。從那以後，只要看到麥克風就會開始發抖，最後不得不放棄當主播的夢想。

我向敘玳坦承這段經歷，想到那時候的情況，心就沉了下來。她輕拍我放在桌上的手。

「是可以焦慮的，不需要害怕自己的情緒。它們不是妳要切除的癌細胞。其實這是人類在史前時代，發展出來感知危險的機制。」

她進一步解釋，「就算妳的船觸礁，但仍是朝著目的地前進，妳仍是安全的。要是能接受焦慮也是旅程的一部分，就不會為了擺脫焦慮，做出太過偏激的事來。適當的焦慮能讓妳的靈魂引導妳，舒適能指示妳的行動，好運就會自然出現。」

我感覺自己好像和她同乘一艘船，航行在波瀾壯闊的海上。就算偶有搖晃，最後也都有驚無險。只要我信任她，持續實踐「當下擁有」，最後終會成為真正的富人，我和導師在一起很安全！

敘玳說：「給妳個建議：獨處對穩定內心會有幫助。現

在的人把很多時間都花在別人身上，留給自己的時間太少。他們把情緒浪費在電視、社交媒體，不幸的是，當妳這樣做時很容易陷入負面情緒。」

「真的，那我該怎麼辦？」

「沒必要考慮太多，多花點時間陪自己。洗個澡、閉上眼睛冥想。也可以看書和反思。不用花太多時間就能照顧好自己。」

說真的，我很習慣躺在床上，用手機滑臉書和Instagram，至少會看二十到三十分鐘。忙碌工作一天後，看到別人悠閒的度假，嫉妒和焦慮在腦中生起，帶著它們入睡。現在突然驚覺，我都把精力浪費在產生消極情緒的無用事物。

叙玩手捧著冰茶，露出尊貴的笑容。「這個跟運動一樣，訓練後要充分休息，如此周而復始地交替才能常保健康。忙碌一天過完，要是能讓妳的心智也充分休息，妳的精神會更健康。」

導師語錄
....

●「焦慮是自然、也是意料中的事。
就像在海浪上航行的船隻會搖擺一樣。為了短期的財務目標，
妳可以盡情焦慮，但不能因為焦慮而失去本來的目的。」

●「對很多人來講，焦慮使他們的船偏離航道。
愈是努力要控制，結果往往都是觸礁、陷入風暴
或是變得更偏離。」

●「就算妳的船觸礁，但仍是朝著目的地前進，
妳仍是安全的。要是能接受焦慮也是旅程的一部分，
就不會為了擺脫焦慮，做出太過偏激的事來。
適當的焦慮能讓妳的靈魂引導妳，舒適能指示妳的行動，
好運就會自然出現。」

●「沒必要考慮太多，多花點時間陪自己。
洗個澡、閉上眼睛冥想。也可以看書和反思。
不用花太多時間就能照顧好自己。」

【案例】

築夢成真

有一次，叙玖參加完執行長早餐會報，正要離開酒店，有人找她說話。

「對不起，小姐，我有話想說。」

叙玖回頭一看，是講座上的年輕服務員，他雙手緊扣，謙恭地站著。他絕望地問：「我看過妳的報導，深感敬佩。我知道突然叫住妳很失禮，但我只想問一個問題。我大學畢業一年了，找工作一直不順。現在我沒錢，又有就學貸款要還，我真的很擔心，面試也一直不順。要怎樣才能擺脫這種惡性循環？」

這年輕人早上在咖啡店裡工作，到了晚上和朋友練習面試，或是研究要面試的公司到深夜。他每個月收入一千五百美元。午餐會打包三明治，喝一美元的咖啡，約會只去公園和圖書館。不管怎麼努力存錢，都只能勉強過日。住的地方是和朋友合租的套房，每月付四百美元。生活費和約會費用是八百美元，揹三萬多元的學貸，所以每個月還要多付兩百美元來還利息；扣完這些，就幾乎沒錢了。

「我銀行帳戶還有八十美元，已經一個禮拜沒拿到工資了……我破產了，明天甚至不能和朋友出去。要是不小心又生個病怎麼辦？光是醫藥費就幾百美元……」

找工作的時間愈拖愈長，讓這年輕人愈來愈擔心。看到

自己戶頭的餘額更是心煩意亂。睡也睡不好，吃也吃不好。看書的時候心思總在胡思亂想。他的不安毀了面試，帶著焦慮無法好好回答問題。

導師看了看年輕人的臉，停下來，友善地笑笑。她解釋了「當下擁有」的秘密和怎麼控制焦慮的方法。那人聽叙玧的解釋聽得出神，笑著說：「我想我辦得到，感覺妳已經把好運帶給我了，我會照妳說的去做。」

那人回家後的當晚，思考叙玧說的內容。他轉頭環視自己房間，注意到母親送他的一張床和暖和的毯子，還有女朋友送他的泰迪熊。

「啊，我還是有不少東西。我有地方可以住，也有愛我的人。怎麼以前都沒發現？」

後來他不管是搭公車、用手機、買快餐車的食物，都在實踐「當下擁有」。他很享受也很感激。當然，一開始並不習慣。尤其是看到自己銀行帳戶和花掉的錢後仍然很緊張，這時他就會跟自己說：「沒問題的，導師說一時波動不算什麼，只要持續實踐『當下擁有』，不改變船的航行方向，就能待在船裡順著水流，達到榮華富貴。」

他獨自在實踐「當下擁有」時，意識到一些事：

「過去的一年裡，我沒借過錢。學生貸款的期限也沒拖超過兩個月，也沒有突然生病看醫生。想想這些，其實我真的很有錢！」

那年輕男子更自在了，身體裡有一股清新的能量，也更加自信。他可以專心學習，在準備面試時發揮最大努力。

和叙玧聊完後的三個月，他收到面試通知，一家國際性的電子公司要徵人。他的自信吸引了面試官的注意。幾個禮拜後，他得到了這份工作。當天晚上他寄了封電子郵件感謝導師，並詳述他實踐「當下擁有」的過程。

　「多虧了妳，我在理想的公司找到工作。我覺得自從和妳談話後，運氣就一直很順，我會照妳教的方式繼續下去，太感謝妳了！」

23

太過欲求，弄巧成拙

「在妳實踐『當下擁有』時，很容易落入一個陷阱。」叔玩說。

自從我計劃處理內心焦慮後，整個人輕得像羽毛，我覺得自己無所不能。充滿希望和渴望。我確信財富很快就會到來。

叔玩似乎注意到我內心的想法。此時她的眼神和之前安撫我焦慮時窘然不同，反而十分嚴峻，她坐直身子，莊重地說：「妳太想要得到了。」

「啊？」太突然了，不懂什麼意思，我提高了嗓音。和叔玩會面的過程中，對致富的渴望一步步增強。不管是工作、開會甚至是睡覺，都一直在想著自己會成為富人。

我結結巴巴地問：「但我……我看過很多自我……自我成長的書……都說要是真心想要一個東西，它就會成真。我日夜不停，全心全意都想著自己要成為富人，我這樣錯了嗎？」

「當妳想發財想得太過時，妳會覺得舒服嗎？」

「舒服？呃……那……好……」感覺被潑了一盆冷水。事實上那並不舒服。痴迷於發大財的同時，恐懼和焦慮也在心中偷偷發芽，理想和現實的差距被拉大。一天中我時不時都會想到，我已經在實踐「當下擁有」了，不知道多久後會變有錢？我這樣真的好嗎？會不會永遠沒有成功的一天？我不能失去希望……

我知道叙玧想表達的意思，要是我太急著想致富，就算我一直實踐「當下擁有」，但內心也會愈來愈不舒適。我嘆了口氣，「妳真是當頭棒喝。我太急著想要錢的時候，的確會覺得不舒服。我愈是想發大財，就愈是覺得自己賺的錢不夠，然後害怕自己發不了財。」我終於知道為什麼有時在實踐「當下擁有」時，也會有不適的感覺了，知道後心裡反而平靜了些。

叙玧靜靜地喝茶，她平靜得像澄清的湖面一樣。「妳以前有沒有太過想要什麼東西過？」

我回想自己高中時，很想上某一所大學，我還把校名寫在筆記本上，非上不可。我當時迷戀的學長就是那所大學的，我決定要跟他上同一所學校。現在回想起，我對那學校太痴迷了。看書都不能專心，一直在擔心：「非上那所學校不可，但要是沒成功怎麼辦？我沒辦法想像要是……」

焦慮、擔憂、恐懼一天一天累積。負面的情緒讓我無法集中精神看書，我總是分心在做其他事，看電視或亂塗鴉。在書桌前坐不住，時常作落榜的惡夢，連睡都睡不好。到了考試當天去考場，因為沒有按照學習計畫，考試也搞砸了。當然

了，也沒考上我心目中理想的學校。

我沒辦法得到自己渴望的東西，這件事對我的傷害持續了很久。我從沒和別人提起，只裝作沒發生過。但我向叙玩訴說時，傷口正在癒合。

她拿起我放在桌上的手機，轉移話題。

「洪女士，妳會不會很渴望得到這支手機？」

「不會啊，為什麼？它已經是我的了……」我突然睜大眼，好像懂了。

「喔！因為它已經是我的了，我不會很渴望得到，所以我對它的存在會感到自在舒服。這就是『當下擁有』，我感覺到自己擁有的部分。」

叙玩眼神發光，閃耀的笑容，像朵沾了露水盛開的紅玫瑰，她對我豎起大拇指。

「說得沒錯。當妳太過想要時，會把注意力放在『缺少』上面。會這麼渴望是因為覺得『缺少』了某個東西。」

聽了她的說明我更明白了，「當下擁有」是朝著我所「擁有」的方向前進，但太過在意就會變成了「我缺錢」的方向。這就像磁鐵的南北兩極。

「『太過渴望』和『當下擁有』相比較。『當下擁有』意味著順勢而為，跟從心裡的能量往前流動，自然不費力。『太過渴望』就像在粗糙的石頭地上推一個沉重的箱子，愈是用力，摩擦力的反作用力就愈強。」

「喔，我明白了。」我大聲把心裡想的說出來，「焦慮和恐懼這些消極的情緒會產生反作用力。不舒服的感覺會把錢

推開，潛意識裡更會覺得『錢不夠』。跟『當下擁有』是完全相反的歷程。」

　　「問題是，人們愈是感到『錢不夠』，那『渴求』的強度也會增加，最後變成一種惡性循環。」

導師語錄

- 「當妳太過想要時，妳會把注意力放在『缺少』上面。會這麼渴望是因為覺得『缺少』了某個東西。」

- 「『當下擁有』意味著順勢而為，跟從心裡的能量往前流動，自然不費力。」

24

「當下擁有」筆記

　　餐廳裡的人們慢慢在減少。我收好錄音機，準備拿起電腦包結束這次談話。叙玩也放下手上的杯子，然後說道：「再給妳一個小訣竅，可以增加『當下擁有』的效果。」

　　「好啊，是什麼呢？」

　　「我以前每個月都會做一個心靈調查，和那些首席執行長一起。我向他們說明這個方法後，他們都表示『當下擁有』的效果有被增強。」

　　我眼睛一亮，好像要知道什麼內幕消息，一種只有有錢人才知道的神秘技巧。而叙玩只是簡單地說幾個字：「做筆記。」

　　「妳是說，把我『當下擁有』時的想法寫在日記裡？」

　　「是，但不需要寫太細。速記『當下擁有』的情況便可，還有就是當下妳的感受是什麼。」

　　我慢慢消化她的建議。她又拿起茶喝了一口，進一步解

釋：「妳可以這樣想，人們順著水流前進的時候是看不清航向的，但可以透過沿途做記號，看出自己前進的路線和大致的流向。妳的筆記就是記下這些錨點，當妳這麼做的時候，就能看到正往什麼方向走。」

她補充：「就數據顯示，每個人的一生會有二到五次向上飛躍的機會。不幸的是，大概只有百分之三的人會利用它來致富；大多數的人不是沒意識到，就是把這機會拒之門外，他們看不清流向。」

向上飛躍的說法引起我的興趣。她的意思是，我能提升目前的生活品質。認識叙玩的那一刻，一定是我其中一次的飛躍。我急切地問：「我一定要抓住這些機會，請告訴我該怎麼做筆記。」

「句子最好保持簡單，當然要下筆時，就用『我擁有……』和『我感覺……』來記錄，後面的也可以記錄感激或感到驚奇的事物。有的人每天都寫，但我建議一週寫三到四次就好，每天都寫怕會覺得負擔過重。」

「聽起來不難，我馬上照做。」聽了叙玩的話後，我突然想到，「要是我把這筆記放在Instagram上行不行？我可以加上照片和標籤，也許可以激勵別人，傳播『當下擁有』的快樂。」

叙玩迷人地笑了笑，並點點頭。我覺得自己像星際大戰裡的路克，在學習原力的使用方法。

那是我在巴黎的最後一夜，我們起身後，叙玩輕輕握手道別。我真的很感謝她為我的付出，就算身體不舒服也盡力幫

我。我看著她往自己房間方向走去，心想一定要找機會報答她。

回到家後，我開始寫筆記。

六月八日

我擁有足夠的錢，請我以前同事在泰式餐廳吃一頓午餐。

我感覺很滿足，因為我有錢能請客，也很感激我以前同事，就算我離職已經八年了，也沒把我忘掉。

六月十日

我擁有足夠的錢來還貸款。

我感覺很好，還了錢就不用擔心帳單到期日。當我專注在當下擁有的時候，我覺得很舒服。

六月十三日

我擁有足夠的錢去買新房子，簽下合約的當天就搬進去。每個月要支出的費用比之前的高，但空間大了不少。而且附近環境不錯，還有活動中心。頭期款雖然不夠，但我弟弟借我錢。

我感覺自豪，我有能力負擔這房子，簽合約的時候更是證明了這點。我感激弟弟借我錢，我覺得我很幸運，也被人愛著。

六月十八日

我擁有足夠多的錢，但我沒有買進口家具店裡的義大利桌子。那天員工說打八折，但我猶豫一下，我的信號燈是紅色的，所以就沒買了。

我感覺看到那張桌子的時候不舒服，那並不是我想找的餐桌。我想到的是一位朋友在Instagram上的照片，他在炫耀自己的義大利餐桌，所以我遲疑了。我想在Instagram上貼我自己選的餐桌，上面擺放些盤子。信號告訴我，那不是我要的餐桌。要是買了，一定會後悔！

六月十九日

我擁有足夠的錢買這張漂亮的桌子。今天終於看到我一直在找的胡桃原木桌。雖然比想像中貴，但信號燈是綠色的。正要付款時，店主給了我四百美元的折扣。

我感覺自己很幸運，用更低的價錢買到！雖然它仍比我預期的貴，但我不後悔。我很高興自己有能力買自己真正想要的東西。這張桌子讓我開心，光是想到和

自己家人圍在桌邊的快樂時光就覺得高興。

　　我童年時很喜歡畫虛線畫。那是一種依序把很多點連起來的一種畫，最後會畫出一條魚、一隻企鵝或是大象。「當下擁有」的筆記和畫這種畫很像。當我回觀這些紀錄，就像把這些點連上一樣，可以看到之前未曾注意到的流向。我可以看到自己正在替家人和朋友建立一種幸福又舒適的生活。「當下擁有」的幸福愈來愈強，錢跟好運也以不同的方式向我走來。我會利用信號手勢來節省不必要的開支，不會衝動購物。我很清楚自己要什麼，而且每次花錢的幸福感與日俱增。重新閱讀筆記後，我知道自己正通往富足的道路。

導師語錄
　●「人們順著水流前進的時候是看不清航向的，
但可以通過沿途做記號，看出自己前進的路線和大致的流向。
妳的筆記就是記下這些錨點，
當妳這麼做的時候，就能看到正往什麼方向走。」

導師的故事
展翅高飛

新的千禧年來臨，叙玧對世界展開雙臂。她不再侷限於東亞；也從美洲、歐洲、南亞地方尋求人類智慧。她在這時期去了美國、加拿大、法國和印度，會見其他哲人智者，與之辯論交流。叙玧向他們分享自己的所得，也從中得益，更具洞見。

她兼顧學業，大學時主修工商管理，到了研究所主修公共管裡，進一步學習企業和國家管理之道。她也學基礎社會科學，像是社會學和心理學；科學也沒忘掉，像是物理和生物；還自學了自然邏輯。才二十出頭羽翼已成，精通東西方經典著作、現代化理論，以及無數的真實個案研究。

她展翅高飛，被稱為「富人的導師」。所謂慧眼識英雄，叙玧專門找跨國企業第一代的創始人，這些人也立刻發現她的不凡，口耳相傳之下，名聲很快就傳開。許多有錢人都想見她，她為韓國前一百強企業的老闆和首席執行長提供諮詢，以及韓國四分之三最有錢的投資人和地產大亨，另向收入和金融資產排名前三萬的人提供服務並分析他們的資料。

這些有錢人和叙玧談過後，都對她精闢的建議讚不絕口。獨立投資人想問她股票、債券、大宗產品和不動產的投資時機；企業管理者想問她管理策略、人力部署和危機管理

方針。她會混合微觀和宏觀的角度和企業趨勢的方式，來說明一些買賣，像是外匯、期權，還有各地方不動產情況。

她言談中讓人聯想到東方宇宙觀的陰陽學說，彼此相生相剋的制衡原理。不管來的人所求為何，她總是用一種鳥瞰世界的觀點，提出最有可能實現的方式。其他的智者只會教自己的弟子要屈服命運，自我克制；但她不一樣，會提出最佳的實踐方式。和她見過面的人，因為她的關係資產倍增，躲過破產危機，或是抓住千載難逢的機會發財。

她又更加聲名大噪：年僅二十二歲，就成為韓國全國經濟人聯合會最年輕的講師。名字連續好幾年都出現在名講師的名單上。差不多二十五歲出版個人理財書，登上暢銷排行，接受好幾次各大報的採訪。

和她光彩奪目的職業生涯相比，這位導師內心仍對人生意義存在許多問題。到了三十出頭，她開始認真研究這全新課題。

Part V

25

生活改變

　　在學會「當下擁有」前，我的生活就像戰場。每天早上起床吃飯，帶著兒子去幼稚園後便趕去上班。就算忙得不可開交，我也仍是媽媽，好幾次，幼稚園打電話通知我兒子發燒後，我放下手邊的工作趕去幼稚園。不管是在公司還是回家，身上總帶著壓力。回到家時已累得像條狗，但還是覺得自己沒多花時間陪他而感難過。

　　晚上撫摸兒子熟睡的臉，都會想著乾脆辭職算了，長久以來覺得自己的工作不值得，對工作內容也不感興趣，每天忙碌不知道在追趕什麼，這樣的生活又是為了誰，連我自己都不知道。

　　但我沒這勇氣，不知道要是沒這薪水怎麼過活。身上仍有許多貸款，退休金沒存夠，兒子的學費也只會愈來愈貴。光靠丈夫公務員的薪水很難撐起我們的生活費，我每天想過後都只有一個結論：就算再困難，也得咬著牙捱過去。我安慰自

己，自己的父母和大多數人都是這樣過日子的，我已不記得上次開懷大笑是何時。

看著那些嫁給有錢老公或是繼承父母大筆遺產的朋友，每天都不用上班，就覺得自己很慘。他們的生活和我的有天壤之別，只要照顧好自己，送小孩去學校，早上做做皮拉提斯或上芭蕾舞課。手裡拿著當季的包包，在時髦的餐廳裡悠閒地吃午餐，洗衣打掃一類的事也不用操心，會有傭人處理。小孩放假後，全家大小會去歐洲或東南亞旅行。我在他們臉書上的笑容，看不到一絲財務上的煩惱。我其實非常羨慕他們，只是從沒說出口。

後來遇到導師，我的生活改變了。日子並沒有那麼難過，看到別人的打卡照也不再羨慕。畢竟，我走在正確的道路上，不用為了明天犧牲今天，一步步往未來致富的路上前進，希望在我胸口跳動，而我每天活在當下。

從巴黎飛回韓國的途中，心裡還惦記著叙玧，她身體不適也一樣全心全力把精力分給我，使我更相信自己。我決心為了她，更要徹底實踐「當下擁有」。

回韓國後，我卯足全力在實踐「當下擁有」。我在巴黎學會了看信號，花錢的時候會做出手勢，找出這是否真的是自己想要買的。我愈是實踐，便愈感自在。如叙玧說這就像在重量訓練一樣，我也愈來愈容易得到綠燈的訊號。

幸福就像滾雪球，愈滾愈大。幾個月前第一次嘗試「當下擁有」，幸福感如海浪般襲來；而現在身體裡就像在過年一樣釋放煙火。這個時候我會閉上眼睛，想像自己是根巨大的天

線，對外發出能量，像磁鐵一樣把錢吸引過來，再次睜開眼睛後會對自己說：「是了，錢正在過來，我正通往財富的道路。」

「當下擁有」的幸福愈來愈強，我對金錢的態度也跟著轉變。以前每次上超市結帳，收銀台在刷條碼時，我心裡都很凝重，牛里脊肉怎麼那麼貴？我真的需要這個嗎？不吃鱈魚也不會怎樣……家裡冰箱裡還有雞。怎麼才這些東西就超過一百美元了？家裡有很多可以代替橄欖油的東西……這個我最好放回去。每次離開超市的心情都很沉重，雖然我也沒做什麼錯事，仍會有罪惡感。

但現在收銀台刷條碼時，我想的是：哇喔，今天有新鮮鮭魚當晚餐，這些有機草莓看起來很好吃。我兒子可以吃到好吃的東西。是的，我有錢買下這麼好的食物。

簽信用卡的時候，感覺像在簽一份聲明文件，證明我有錢投資家庭的幸福，就算手提著滿滿的袋子也不嫌重，我驕傲地抬頭挺胸。

當然了，我還是有焦慮的時候。尤其是看到夏天的電費單，常開冷氣的關係，帳單比平常貴兩百美元。我心臟怦怦跳，「這怎麼回事？已經實踐『當下擁有』好幾個月了，為什麼還是會煩躁。我要怎樣才能更富有？」

然後腦海裡會響起叙玩的聲音：

「旅行的途中，船會碰到巨浪而顛簸，

妳甚至會暈船，這都很正常。

問題是，要是妳因為焦慮而翻船，

自己受困其中，那就會永遠也到不了目的地。

別忘了，船的顛簸也是旅程的一部分。」

　　我拿出手機，打開存在裡面的「當下擁有筆記」。我笑了，看著它們喚起了我的幸福。我做了十幾份筆記，我記得叙玧說焦慮也是自然的，沒什麼好奇怪。看到這些筆記，我看到了自己愈來愈有錢，想起在這艘船上，還有導師握著我的手，這些想法讓我擺脫了焦慮，堅持下來。

　　我決定，就算不在花錢時，也要「當下擁有」。這可以隨時隨地都實踐。以前在上班途中，會花一個小時在看臉書。看著朋友最新動態，一邊替他們按「讚」，深怕錯過什麼。

　　現在我把時間都拿來「當下擁有」。正如叙玧教我的那樣，閉上眼睛，集中意識在自己的呼吸上，提醒自己所擁有的一切。我有一副健康的身體，丈夫和兒子也都很健康。我慶幸自己下班後有個家可以回，現在的我也吃飽了。我還擁有揹著的包包、腳上米黃色的鞋子，還有身上這件黑色短上衣也是我的。

　　當我沉浸在這些想法中時，感激和喜悅在我體內蔓延，這就是有錢的感覺。我拿出手機，把這些情緒寫在筆記裡，或是上傳到Instagram。我以這種方式開始我的一天，一切都感到愉快。

26

好運

　「當下擁有」沒有多久，運氣也開始好轉。最先反映在自己的身體上。我慢性消化不良、頭痛、抽筋慢慢好轉，晚上也不再輾轉反側睡不好。我長久以來都感到精疲力盡，肩膀好像總是壓著很重的東西。但這些都消失了，我整個人輕飄飄的，像剛運動完一樣精神很好。頭腦清醒更能在工作上專心。

　理所當然，我的工作表現更好了。我比之前更常笑，一點小事也能開心，平常同事們無聊的笑話變得更好笑。下班看到美麗的夕陽也覺得開心，兒子做個鬼臉也能逗得我哈哈大笑。我的情緒變了，更笑口長開。

　周圍的人也注意到這一點。就像一個人墜入愛河那樣明顯。同事都對我說：「妳要去約會嗎？看起來很開心一樣。」或是「有什麼好事發生？妳看起來很開心。」

　我的Instagram也更常受到別人點「讚」和評論。「妳今天心情很好！」「我真希望自己能像妳一樣，對事事都心存感

激。」還有一位愛嫉妒人的高中同學，乾脆直接打給我問：「妳最近都這麼開心，是有什麼秘訣？」我差點就把導師的事脫口講出，但後來我猶豫了，還不是分享這故事的時候。

之後好運才明顯跟過來。我從不覺得自己是特別幸運的人。公司為了紀念創建日，每年都會辦抽獎活動，但我從來沒中過。去餐廳點餐時，也總是旁邊桌的先上菜。每次買草莓盒，幾乎底部一定會有被壓爛的草莓。有機會去旅行時，也一定會碰到塞車。我並不祈求能中彩券，但我總感覺自己是最倒楣的那一個。

自從開始「當下擁有」後，好運像貓一樣無聲靠近。一開始只是微不足道的小事。一天我在公司旁邊咖啡廳點美式咖啡，這家店也是我最先實踐「當下擁有」的地方，我跟那裡的店員已經混很熟了。結帳時聽到收銀機發出鈴聲，店員笑著跟我說：「恭喜妳，我們每天都會選一位顧客可以得到免費咖啡，今天妳被選中了。」

還有一次，是我跟丈夫在法國餐廳慶祝結婚紀念日，服務生送錯了鵝肝醬，比我本來點的菜貴二十元。

「女士，我很抱歉，我們弄錯菜單了，這份就當作是我們的賠禮，您的餐點會另外再幫妳做。」我先生和我便享用這一份額外的開胃菜。

有趣的是，我愈是發現額外的好運，這好運反而愈常發生：要買一包免洗紙杯時碰上買一送一、我喜歡的冬天大衣在我去看的時候剛好半價，去中國餐館還額外贈送餃子。

還有一次是公司的小組聚會。我們那一桌第一次贏得

一百美元的咖啡折價券，我剛拿到折價券還在看的時候，就聽到一陣騷動，沒聽清楚上面在說什麼，只看到大家紛紛轉頭看我。我抬頭看到上面的主持人在揮舞一張寫著我名字的字條，我中了二獎：一只智慧型手錶。我很高興，但並不訝異，因為我知道為什麼會有這樣的好運，秘密就是「當下擁有」。

　　我去銀行還貸款時，真的感受到錢正在朝我湧來。以前，每次快到還款日就會心情低落好幾天。做這件事把我搞得很煩。但現在不一樣，實踐了「當下擁有」，我發現不是每個人都能償還債務。但我卻做到了，我應該替自己有能力還錢感到幸運。

　　那天我在櫃檯窗口，感受「當下擁有」。負責我帳戶的員工看了電腦螢幕，突然說：「您的信用評價上升，目前利息很低，再加上最近銀行政策改變，您的利息會重新估算。」幾個小時候，我上班在開會，收到簡訊說我利息降了0.5個百分點，光是降0.1我就想跳舞了，現在降0.5，我差點在會議中跳起來。

　　那天晚上，我一個人在寫當下擁有筆記。我貸款利息下降了，感覺非常高興。叙玖說得沒錯，「當下擁有」會把錢吸引過來。多棒啊，我右手比出劍指，放在右眼前。它就像根天線在釋放情緒能量，吸引更多的錢，我也感到更開心。今天實踐「當下擁有」很順利，我最好規劃暑假計畫。

　　多年以來，我一直想到印尼的峇里島度假，但機票和飯店錢總是比其他東南亞國家貴一點。在度假上花那麼多錢會讓我有罪惡感，所以我總是選便宜的行程。

但我帶著這樣的不安旅遊，卻從來沒玩得盡興過。在假期中可能因為我負面情緒的關係，不幸的事接二連三發生，像是雨下個不停、在餐廳被人敲竹槓、計程車迷路什麼的，還有一次我的航班碰到颱風停飛，旅遊結束飛回家的時候，總是一肚子怨氣。

　　有「當下擁有」的魔力，情況會有不同。我不用擔心消費該怎麼選擇，在買峇里島機票前，我做了信號測試。幸福感從頭頂一路通往腳趾。我覺得很舒適而且自然，顯然這是綠燈，我立刻就訂了票。點擊完滑鼠，我身心都湧起巨大又平靜的快樂。我還訂了比以前更貴的飯店，但我的幸福感有增無減。

　　隔天睡覺前，我心裡在想，這就是生活中充滿美好事物的感覺，也是我對未來變成真富人的投資，好期望明天的到來。

27

峇里島

　　這一週是我一生中最美好的假期。好運不斷發生，一開始是在機場，一位梳著整齊馬尾的空服員和藹笑著說：「今天經濟艙都滿了，如果您願意的話，我們可以把你們一家三口都升級到商務艙？」

　　八個小時飛往峇里島的航班，我舒舒服服坐在商務艙裡。可能是因為座位舒適，我四歲的兒子在飛行過程中一次也沒鬧過。我在飛機上看書、看電影，還小睡了三個小時。

　　到了飯店裡的SPA也很幸運。我這輩子沒享受過飯店的SPA。那裡按摩的錢比兒子每個月上畫畫課的錢還貴了一百多美元。但我一直很好奇。每次度假總是會去SPA的門口晃一下然後又折返。

　　但現在沒必要糾結。我檢查了信號，「我有錢去SPA，我值得每年一次的享受。啊……這感覺真棒。」我比出了「當下擁有」的劍指在眼前。幸福感從手指開始蔓延到頭頂和腳趾。

我整人都放鬆了，好像我已經在做SPA按摩了；這是個綠燈。

　　我高興地推開門。一位穿著傳統印尼服飾的員工，雙手交疊在身前。「特價從一點開始，現在所有按摩都半價。」

　　第二天下午，我躺在沙灘椅下，看著丈夫和兒子在築沙堡。兒子的笑聲傳偏整個沙灘。陽光明媚，海風吹撫，海浪沖向沙灘化作白色泡沫。我拿起放在身旁的椰子汁，整個人都對如此美妙的假期興奮不已。我又拿起手機，開始寫「當下擁有」的筆記。

八月一日

我擁有：我的錢讓我能在峇里島享受美妙的假期。

我感覺：我覺得自己真的很幸運，不但有錢能支付度假費用，好運還接二連三到來，「當下擁有」還藏了多少驚喜？

　　之後手機跳出一封電子郵件，是總公司寄來的。雖然在度假，但我對那封信的預感特別好。

　　「公司政策異動，現在四十歲以上的員工健康保險費用將會由公司支付。」

　　我在幾個月前才剛過完四十歲生日。我立刻打開郵件附件，看了後差點從椅子上跳起來。下個月會有五千美元的退款匯到我帳戶，太意外了！要是我沒過生日，那一分錢也拿不到。這筆錢用來支付這次的度假綽綽有餘。

假期最後一天。去年之前的假期總是有事在煩。不管去哪裡，總是把擔憂的事放第一；要不就是一直在想飯店房間裡有異味，是不是應該訂好一點的旅館；或想著這裡的海鮮好貴，有沒有更便宜的餐廳。

這次的假期不同，去餐廳時有招待餐點，天氣也都放晴，旅館的房間還得到升級。這就是「當下擁有」的時刻，沉浸在幸福中。繼續的小確幸引來了更大的好運。我對金錢的不安和憂慮被「當下擁有」的幸福蓋住，每天都像在過節。

要搭飛機離開峇里島時，感覺「當下擁有」好像已改變了我的生活。要是繼續這樣，我會變成真正的富人。

沒過多久，我收到叙玧的電子郵件，她說她回韓國。我想和貴人一起分享快樂，挑了咖啡當禮物，我很自然把她跟咖啡聯想在一起。付錢的時候，幸福的浪潮席捲過來，舒適感覺也在增加。這浪潮比之前都大，也許是因為這禮物是買給叙玧的。

約好見面的日子快到。自從巴黎一會後，也兩個月了。我拿著咖啡往她家走去。但大樓附近氣氛很怪，豪華轎車排成一行。以這個地區來講並不常見。有幾個穿西裝來回走動的人在談話，「我聽說導師回韓國了，怎麼沒看到她？我們總裁說他想調動人事，必須要見見她。我昨天就在這裡等了。」

「我不知道導師住哪，為了找她，我把照片給這裡的商家和計程車行看，好不容易找到這裡。」

「我一定要見到她⋯⋯老闆娘今天一大早就在車裡等了。」

我知道他們說的是叙玖，有好幾年她沒幫人諮詢，聽說一直有人在她家附近徘徊。她應該是躲起來了，免得被纏上。我寄了簡訊給她，「妳在哪裡？妳家附近好多人。今天還能見面嗎？」

　　我眼睛一直盯著手機，但始終沒有回應。我擔心她會為了躲這些人消失不見。不久電話響了，顫抖的手點開訊息。

　　「洪女士，我剛剛外出了，家裡實在太亂。我們在宮殿附近的飯店見面。」

　　我被她選中了，這也是我「當下擁有」帶來的好運。

28

什麼是好運

我搭電梯到飯店最頂層，從玻璃牆看出去，可以看到一座有百年歷史的宮殿全景。有歷代皇帝辦公的宮殿，還有旁邊通往皇后寢宮的小路。地上有幾隻喜鵲在地上啄食。氣氛一片平和，古老的宮殿使我放鬆下來。

我感覺有人走來。她穿著一件青綠色蕾絲洋裝，搭配金色蕾絲的高跟涼鞋，手提象牙白包包。臉上淡橙色的唇膏讓她看起來精神很好。她健康似乎沒問題，我鬆了口氣。

我脫口，「啊，我還擔心會見不到妳。好多人在等妳，謝謝妳抽空見我。」

她笑著搭著我肩膀，「世界上沒有巧合，所有妳以為的偶然，事實上都是醞釀已久的奇蹟。不管妳是間接或直接跟我接觸，都表示妳正站在十字路口。我會一直和努力趨吉避凶的人碰面。」

我不好意思地拿出禮物，叙玖俯身聞包裝盒。看她深吸

一口氣的樣子，我很高興這禮物她喜歡。

「我很高興妳喜歡。我在買的時候，覺得我『當下擁有』愈來愈得心應手。」

敘玩笑了笑，點點頭說：「人云『積善之家必有餘慶』，做好事也是為了自己，要是妳能珍惜助人之樂，那好運一定會降臨在妳身上。」

我把自己做的筆記給敘玩看，感覺像小孩子在檢查作業一樣。好在，敘玩看了後笑著抬起頭，我吁了口氣。「知道妳是怎麼看事情的感覺很有意思。補充一下，當妳在寫『我擁有』的內容，事情愈具體愈好。與其寫『我吃了一頓美味的晚餐』不如寫『我吃了一份美味的蘆筍沙朗牛排』。」

「我懂了，這樣更能喚起回憶，更能讓當時的快樂重現。我會想起牛排的味道，蘆筍的清脆。」我以後做筆記時會寫下更多細節。

我還跟敘玩分享了峇里島的旅行，還補充道：「我本來以為好運的發生就跟被雷打到一樣，只是一種偶然，只有極少數被選到的人才有這樣的幸運，我真不敢相信自己也能這麼好運。」

敘玩目光銳利地問：「洪女士，妳覺得什麼是好運？」

「嗯，什麼都沒做，就有額外的錢或是中彩券之類的？」

她微笑著搖頭。

「好運和效率是相關的。在努力之餘，會幫助妳更快得到妳要的東西。」

我點點頭，她還解釋了好運並不是不勞而獲。進一步講，更像是一個走高速公路，一個走原始泥土道路之間的差別。記得一次高中考試，考的內容剛好是我複習的內容，這些刁難的論文都是我考前讀過的部分。考完後，我所有朋友都抱怨這次試題太難了，只有我一個人在笑。那次考試是我整個高中生涯最高分的一次。聽了叙玩的解釋，我明白那就是好運，我一樣有學習，但我得到更高的分數。

　　「看來，我是誤會好運了。我以為像是錢財從天而降，不用努力。」

　　叙玩一邊喝咖啡一邊聽，她身子向前傾，把咖啡放在桌上。「好運是我們把付出的努力乘以數倍，它是一種乘法，不是加法。」

　　「什麼？」

　　「如果好運是加法，妳什麼努力也沒做，那好運來了也會有收穫。」

　　「喔，對，就像是零分的努力，加上額外的好運分，會得到好運的分數。」

　　「但好運並不是這樣。要是妳的努力是零，再乘上好運，得到的結果還是零。最後什麼都沒有。零乘以任何數都是零。」

　　「要是努力乘以好運的話，那得到的結果會放大好幾倍。」我說，「當自己對結果充滿感激，那就會付出更多努力，然後有更大收穫……會形成良性循環。」

　　導師堅定地點點頭，再次強調。

「想要不勞而獲的人永遠不會發財。三十多年的研究中，我從來沒見過這樣的案例。」

古有云：勇敢的將軍不敵睿智的將軍，
睿智的將軍不敵賢德的將軍，
賢德的將軍不敵被賜福的將軍。

導師語錄

- 「好運和效率是相關的。在努力之餘，
  會幫助妳更快得到妳要的東西。」

- 「好運是我們把付出的努力乘以數倍，
  它是一種乘法，不是加法。」

- 「要是妳的努力是零，再乘上好運，
  得到的結果還是零。
  最後什麼都沒有。零乘以任何數都是零。」

【案例】

史蒂芬・布拉德伯里——被好運眷顧的男子

澳大利亞短道競速滑冰運動員史蒂芬・布拉德伯里，被認為是冬季奧運史上最幸運的人。他是二○○二年冬季奧運金牌得主。最後一場比賽的最後一圈，史蒂芬・布拉德伯里遠遠落後前面四名選手，但前四名同時摔倒，布拉德伯里因此拿下金牌。這場比賽被稱為「諷刺的命運」。

不只有那場比賽，整個奧運會他運氣都很好。他本來輸掉四分之一決賽，但前面一名選手，被判阻擋對手因而取消資格。準決賽，布拉德伯里前面的三名發生碰撞，他才得以晉級決賽。

在短道競速滑冰比賽裡，他運氣好得不像話，但他的奪金之路並不容易。他曾公開說過：「我每個禮拜訓練六天，每天五小時，連續了十二年，就為了參加奧運。」他以前在奧運比賽也碰過不少倒楣事。一九九四年，他是大家都看好的選手，結果在第一輪就被淘汰。一九九八年，比賽前兩天食物中毒，鎩羽而歸。二○○○年因頸部嚴重受傷，曾認真考慮過退休。

奧運會後的一次採訪中，他表示：「我真的很幸運，但重要的是我能抓住這幸運。這面金牌代表的不是我贏得比賽前那一分半鐘的事，而是我衝向終點前，十多年的努力成果。」

29

運勢

　　聽了叙玖的話，我想起在學會「當下擁有」之前的事情，那時候我真的很氣。我去3C店裡買新的筆記型電腦。店員說：「現場辦信用卡，可以享有一百五十美元的折扣。妳只要在申請書上簽名。」

　　一聽到折扣我眼睛都亮了，心裡在想，一百五十元？一台電腦不便宜，少說也要一千美元以上，我一直擔心錢不夠……有折扣太好了！

　　店員給了張密密麻麻的申請表，我花了十分鐘把表格填好，簽了好幾次名。然後打電話給信用卡公司，找那裡的業務。電話接通後，我回答一大堆個人金融方面的紀錄，又花了二十分鐘。對方說會馬上回電確認，但我一等就是半個多小時。最後打來說：「我們找不到您的信用紀錄，要不要聯絡您的保險公司，看有沒有相關資料。」

　　我還沒辦法離開。辦好卡片前，我只能在店裡等。愈等

愈煩躁，心想，這太痛苦了，這麼大費周章才能辦卡，感覺自己像個窮人。但已經費了這麼多功夫，我不想就這樣放棄，不然就白等了。我花一段時間聯絡上保險公司，又花了一個半小時處理，最後業務打來說：「很抱歉，我們今天沒辦法核發卡片。」

我氣炸了，對那無辜的業務發火：「你在開玩笑吧？搞什麼，我等了又等！」

那時我已經不想買電腦了，最後我空著手離開，感覺很糟。星期六下午行程全打亂，白白浪費了整個下午，結果電腦也沒買到。

而且感覺全世界都在跟我說：「妳沒錢了，浪費這點時間又算得了什麼，妳的時間並不值錢。看看妳為了一百五十美元花了多久時間。」

我感到痛苦地向叙玩講述這段過去，「在那種情況下，我該怎麼辦？」

叙玩把頭髮撥到耳後，露出別緻的珍珠耳環。「妳最後的感覺是關鍵。妳像是在跟自己說，『沒有錢』，而不是『想要得到折扣』。要是妳發現自己的能量因為感到『沒有錢』而流失，那就堅定地拒絕這個念頭。千萬不要讓它產生。」她最後又再強調了一次。

我點點頭，「我思考的方式錯了，我不知不覺告訴自己『沒有』的部分，我應該專注在打折優惠，用『擁有』的方式購買。我知道這不是筆小錢，但我寧可快樂花錢，也不要把錢推開。」

這時我們點的下午茶送了上來。司康、小三明治、水果餡餅、瑪芬，堆在三層點心盤上。香噴噴的司康上點綴著葡萄乾；還沒吃餡餅，那芒果和橘子的甜味已經撲鼻而來。我口水直流，吃了一口煙燻鮭魚的開胃菜，真是美好的時光。

　　「嗯……真好吃。」

　　叙玧笑著說：「我們再談一談好運吧。有兩名西洋擊劍比賽的選手。一名從世界排名三十往上升到第十，另一位是世界第三，但排名正在下降。要是這兩人比賽，妳覺得誰有機會獲勝？」

　　二〇一六年，我在電視上看過巴西里約的奧運轉播。她的問題讓我想到排名世界二十一的韓國擊劍選手，戰勝世界第三的匈牙利選手，這名韓國擊劍運動員本來是十比十四落後，後來追成十五比十四獲得勝利，金牌最後掛在他脖子上。

　　我知道那名運動員因受傷的關係，將近一年沒練習。康復後，在奧運前六個月投入大量訓練，技術突飛猛進，表現也愈來愈好。想到這個人，我開口回答叙玧的問題：「我想是正在進步的那個會贏，雖然排名低，但能力正在往上爬。奧運很多選手最後都反敗為勝。」

　　「沒錯，運勢上升！財運也有像這樣的流勢存在。運勢意味著順勢而為。每位奧運選手都很努力，但這還不夠。妳可以從『勢』這個字中看出，順勢的流動會讓選手有更大的優勢。就算是落後，要是能乘勢而為就能反轉局面，贏得勝利。就像划船順著水流划，前進的速度會比單純在划快得多。通往發財的道路也是同樣道理，付出一樣的努力，卻更有效率地致

富。」

　　聽到叙玩這麼說，我想到自己曾訪問的一位有錢人。每次我採訪完有錢人後，我都會追問他們的秘訣是什麼，他們說的話都大同小異，都說是自己運氣好。

　　不久前我在報紙上讀到一篇報導，不少有錢人把自己的好運當成是成功的關鍵。三星集團創始人李秉喆指出三個成功要件：代表時機的「運」、虛懷若谷接納的「鈍」、堅忍不拔的「根」。大型石油公司創始人，也是富比士前四百富豪之一的雷‧李‧亨特也說過：「如果好運和智慧只能選一個，我一定選好運。」心理學家兼經濟學家的丹尼爾‧康納曼也說：「成功等於天賦加運氣。」

　　「這樣回想起來，我遇過的有錢人，他們都在追求好運。」我說，「我要怎麼像他們一樣這麼好運？」

導師語錄

- 「要是妳發現自己的能量因為感到『沒有錢』而流失，那就堅定拒絕這個念頭。千萬不要讓它產生。」

「運勢上升！財運也有像這樣的流勢存在。
運勢意味著順勢而為。每位奧運選手都很努力，但這還不夠。
妳可以從『勢』這個字中看出，
順勢的流動會讓選手有更大的優勢。就算是落後，
要是能乘勢而為就能反轉局面，贏得勝利。
就像划船順著水流划，前進的速度會比單純在划快得多。
通往富裕的道路也是同樣道理。
付出一樣的努力，卻更有效率地致富。」

30

命運的岔路

接近傍晚，叙玧的頭髮反射橘紅色的陽光，她笑著說：「財富的路是自己創造出來的，這並不是只有少數人才辦得到。妳自己也可以畫出藍圖。洪女士，現在想像一下，妳在森林裡碰到岔路。前面分成三條，一條是通往財富之路，一條和之前走的路沒兩樣，還有一條是通往貧困之路。森林裡樹葉茂密，沒辦法看到路的盡頭。」

叙玧張開雙臂，用音樂般的嗓音說著，好像在召喚好運的魔法。我想像眼前出現岔路，就像科幻電影一樣。「洪女士，妳需要選一條路，妳要怎樣才能選到致富的路？」

我低下頭，「選擇了是不是就不能回頭，對吧？我必須一直走到下一個岔路口。」

「是的，這就是運氣的規則，到達下一個抉擇之前，妳要對妳的選擇負責。」

當然，在我一生中遇過不少岔路。大學選擇主修科目，

出社會選擇工作，選擇結婚對象，選擇出國留學。這些選擇是否通往財富？我不確定自己是否選對了。

「我要怎麼知道自己選的對不對？」

「恐怕妳說得沒錯，在抉擇點上是不會知道。要是自以為知道哪條路是正確的，反而危險，答案藏在我們內心深處，不會輕易暴露出來。」

敘玖停頓一下又繼續說：「心理學家卡爾‧榮格說，人的一生是個潛意識自我充分發揮的歷程。潛意識裡的內容，會透過人的一生或外部現象展現出來。所有作的夢，都是潛在的可能，潛意識會對宇宙能量做出詮釋。」

在那次交談後，我後來又對潛意識做進一步的研究。根據《今日心理學》裡的內容，潛意識並不是一些藏在心底伺機而動，想要搞破壞的原始衝動；反而更像是一個人的信念、恐懼，同時也影響一個人日常生活態度表現。如果用冰山比喻，一個人的意識只是冰山一角，而潛意識才是水面下看不見的巨大冰塊。

卡爾‧榮格認為，心靈不僅僅是個人潛意識，更是所有人集體潛意識的集合，它是人類智慧的寶庫。艾瑞克‧弗洛姆在《以往的語言》中提到過，透過夢，可以到達潛意識更深一層的智慧。二十世紀心理學導師，米爾頓‧艾瑞克森也說過，人類問題的解答，就存在人的潛意識裡。他相信潛意識是一個人積極力量和恢復力的來源。

我們可以透過夢來窺見潛意識裡的內容。我差不多十歲時，母親說她夢到暴風雨中握著我去世祖母的手。第二天一大早，我父母開車上街，母親把她夢裡的情節轉告父親，叮嚀他開車要小心。天雨路滑的彎道，輪胎打滑，但父親慢慢踩下煞車，避免了一起交通事故。母親相信是祖母託夢，幫她避過一次災難。

幾年前，我嫂嫂夢見一條紫色的大魚進到家中。我父母聽到這個夢很高興，認為我們家很快就有喜事。不久後，我得知自己懷孕了。在我認識導師前幾年，也曾夢到父親給了我一面金牌，那時我就有預感，叙玖會回我信。

我早就對潛意識裡的智慧深信不疑，我小心地問：「所以，妳是說我的潛意識，已經知道哪條路會通往財富了？」

「是的，潛意識可以幫助我們得到好運，它會創造財富的流動，我們只要跟在它後面便能獲益。天道運行的運勢不會像氣象預報告訴妳明天會不會下雨。它有完全不同的方式，就像因果循環裡的『因』，要是我們在潛意識裡種下善因，等到時機成熟就會收成善果。」

我在腦海裡想像有一股清爽的風，在推動我的帆船前

進，而導師就像船首的幸運女神。我想聽更多關於運勢的事，我坐得更靠近那位幸運女神。

導師語錄
....
●「潛意識可以幫助我們得到好運，它會創造財富的流動，
我們只要跟在它後面便能獲益。
天道運行的運勢不會像氣象預報告訴妳明天會不會下雨。
它有完全不同的方式，就像因果循環裡的『因』，
要是我們在潛意識裡種下善因，
那等到時機成熟就會收成善果。」

31

潛意識的力量

　　我突然想起和叙玩在巴黎的談話，我們聊到阿里巴巴的創始人馬雲，他會使用『不舒服』的字句。叙玩解釋，這是馬雲在潛意識裡安慰自己的表現，進一步來講，人的生活是照潛意識裡的東西展開，這就是成為真富人的秘訣。

　　現在我明白為什麼好運都圍繞在有錢人身上，「我想我懂了，妳說過有錢人會強迫把一些詞彙彙編在頭腦裡，他們就是透過這個方式找到通往好運的道路。」

　　她雙手緊握，眼中透露著欣喜。「太棒了，妳理解得很正確！說得沒錯，有錢人會把自己有錢的想法放到潛意識裡，我們大腦會決定命運的流向，所以妳放什麼在大腦裡，就會影響妳的命運。」

　　我笑著說：「那我知道該怎麼決定命運的流向，我可以透過實踐『當下擁有』把它印記在潛意識中，我就能找到好的命運。」

我想到世界上最成功的人，是怎麼闖出一片天的。日本軟銀公司創始人孫正義在十九歲就設立了未來五十年的人生目標。他要在二十多歲打響自己名聲；三十多歲要賺到足夠的商業資本；四十多歲要成功做一番大事業；五十多歲要讓他的商業規模完善；六十多歲要交棒給新人。設定完目標，孫後來從四十多家合作軟體公司中，選出有潛力的軟體，集合成套件。他在一九八一年成立軟銀，並向一開始的兩名員工承諾：「三十年後，我們會成為年賺超過一百億美元的公司！」他非常有自信自己一定會成功。在一次演講中，他說：「我十九歲時一分錢都沒有。只要我決定要爬哪座山，就會不斷實踐並想像自己成功的樣子。一旦我訂下人生計畫，便永遠不會改變目標。」

　　亞馬遜創始人傑佛瑞‧貝佐斯在大學畢業後，曾在華爾街擔任一家金融公司的副總裁。但一九九四年辭職，投入網路商務。他的決定很突然，但並不魯莽：他打算在網路上賣書，透過網路打造穩定、簡單、方便取貨的銷售服務。亞馬遜成長得很快，一開始每天成交量只有十本書，但三個月後，交易量已達到一百本，再過一年變成每一小時就成交一百本。貝佐斯說：「等我八十歲時，會後悔離開華爾街嗎？不會。但要是錯過網路發展的開端，那我一定會後悔。」

　　想到孫正義和貝佐斯的故事，我很佩服叙玩的洞察力。他們都把「擁有」印記在自己的潛意識裡，並在岔路口選擇了通往財富的路。孫正義選擇了軟體套件，貝佐斯選擇了創建亞馬遜。

我想起我在讀企管碩士的第一年，做了很不明智的決定。我朋友在暑假時都找到了顧問公司或投資銀行的實習機會，但我沒有。到了畢業前一年，我愈來愈焦慮，別人都在很好的公司卡好位了，我什麼都沒有，那畢業後我能去哪？我緊張得睡不好吃不好，體重也往下掉。感覺朋友都因為我沒工作在躲著我。所以開始自我封閉。

然後我突然想，反正也沒地方去，不如申請念博士？我根本不愛讀書，但這樣做也比坐吃山空來得好。要是能有不錯的大學接受我，至少不會感覺自己被排擠。

同學們都在為工作做準備，我則是在上微積分相關課和分析實作，還有準備GRE考試。我沒有想過要選什麼課，所以隨便挑了一個和我專業無關的課，只因為它看起來比較好過。

可惜，我為此準備了一年，但結果卻不盡如人意。我申請的每一所學校都拒絕我。每一封寄到郵箱裡的信都像是封慘敗的證據。其他跟我一樣沒有找到實習機會的同學也找到其他工作，或是正在準備創業。

最後，我擔心的事成真，什麼都沒準備好，畢業即失業。離開學校便無處可去。

我嘆了口氣，「我當時做了個荒謬的選擇。真是浪費時間，把財富推得更遠。」叙玧沒有說話，只是很同情地看著我，但能和叙玧說這段過去，我心裡好過了些。

「不過，我現在已經學會怎樣讓好運相伴。不會再犯和過去一樣的錯誤，真是多虧了妳。」

叙玧同情地說：「現在會定義過去。過去是寶貴的資

產，它實現了妳的現在。而且，感恩會帶給妳更多好運。幸運的實證告訴我們，快樂帶來的會是成功，而不是失敗。」

導師語錄

● 「有錢人會把自己有錢的想法放到潛意識裡，
我們大腦會決定命運的流向，所以妳放什麼在大腦裡，
就會影響妳的命運。」

● 「現在會定義過去。過去是寶貴的資產，它實現了妳的現在。
而且，感恩會帶給妳更多好運。幸運的實證告訴我們，
快樂帶來的會是成功，而不是失敗。」

【案例】
她的命運

「李女士，我想結婚。目前為止我遇到的男人，不是負債就是失業，不然就是有其他的經濟問題，我希望遇到經濟寬裕的男人。」

一位三十多歲的女人來信問導師。她名校出身，在製藥公司當經理。到大學之前家境都不錯，但上大學後家裡經濟狀況愈來愈差。她省吃儉用，賺來的錢都給自己弟弟妹妹付學費。

「明年妳會有機會遇到好對象。但在那之前，妳何不試著把注意力集中在有錢的樂趣上？太過小氣只會吸引到同樣小氣的對象。」

那女人從叙玖那學會了「當下擁有」，並享受擁有的當下幸福。在某個晚上，她在寫擁有筆記表達自己的感激時，碰巧在網路上看到一本地中海的遊記。她心想，我要一個人去旅行。我早就想去地中海看看了。我替這個家已經付出不少錢，我應該自己享受一下花錢的樂趣。

她確認過擁有信號，然後賣掉一些基金，參加為期二十天的遊輪行程。就在旅行快結束的幾天內，那女人坐在地中海當地的咖啡廳裡寫擁有筆記，突然聽到有人問：「不好意思，介意併桌嗎？」

女人抬頭看見一名臉蛋很可愛的亞裔美國人。那男子說

在船上時已經留意她很久了。交談之下，得知男子來自移民家庭，白手起家經營一家企業，不久兩人發現彼此有許多共同點。

那女人後來嫁給了他，第二年和他一起搬到美國。後來寫信給叔玩，「多虧妳教我的東西。我的心態吸引了好運，命運讓我和這完美的男人相遇。我們現在一起實踐當下擁有，並對自己的財富心存感激，也許這也是我丈夫生意愈來愈好的原因。真的謝謝妳。」

❖

32

相生

此刻我覺得很美好，臉上浮現夢幻般的笑容，叙玩看了後微微一笑。「我再跟妳說一個有關好運的秘密。」

「喔，是什麼呢？」

她指著我早先帶給她的禮物，「我真的很謝謝妳今天送我的咖啡，我們把時間倒回妳買禮物的當下，妳當時心裡想的是什麼？」

當時我在峇里島享受度假的快樂中，我想和人分享那溢於言表的感覺，立刻就想到了叙玩，我想把自己的感覺多少也讓她感受一下，挑禮物時快樂又加倍成長。拿著袋子，感覺自己像漫步在雲端。

「我對自己的好運感到非常高興，我想和人分享。買下這份禮物的時候感覺比幫自己買東西更快樂，當下擁有的感覺十分強烈。」

「正是如此，當下擁有的最高層次，就是『相生』。」

「相生？」

「是的，最確定能放大『當下擁有』效果的，就是『相生』。當妳對擁有的幸福感，多到滿溢時，妳就會想要『相生』。」她又強調，「投資人際關係、分享自己的擁有，可以鞏固妳的『當下擁有』，這樣的態度會帶給妳更大的財富。換句話說，『相生』是對妳自己財富最可靠的投資。」

這樣聽來，『相生』似乎讓每個人或多或少可以受益。我記者魂的好奇心又被激起。「我不太懂『相生』的概念，這不就是我們常說的『分享』嗎？」

導師慢慢地搖頭。

「『分享』是單向的，只是一條單行道。要認識『相生』，就要知道它不單是給予和索求。簡單來講比較像是雙贏，讓妳和妳的同伴受益，妳的同伴也會對妳有益，付出愈多收穫也愈多，這樣的回饋已是默認。只是『相生』的回饋並不一定是一比一，妳得到的和妳付出的不見得完全一樣。」

「啊……似乎是不一樣。」

「『相生』可以這麼理解，我先有所付出，那宇宙能量就會回饋妳好運。」透過五行可以很好理解，木、火、土、金、水。木頭成了火的燃料在燃燒、火生成了灰燼變成土、土裡面蘊藏了堅硬的岩石和金屬、水在岩石之間流動，而水又滋養了樹木；這便是天意的自然運行。」

我邊聽邊想像，感覺自己像在接受宇宙能量。我分享出去少少的能量慢慢在增長，累積成巨大能量把它回饋給我。我覺得精力愈來愈充沛，身邊這些慢慢形成巨大的良性循環。

五行

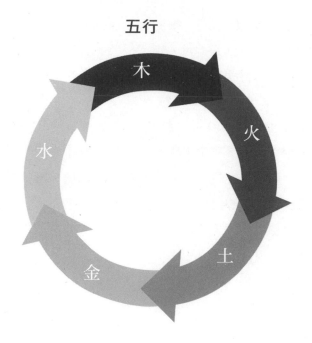

　　叙玩的話，讓我想到兩位大富豪：比爾・蓋茲和華倫・巴菲特。一九九一年，蓋茲在自己母親敦促下，兩人首次見面。蓋茲對那次會面表示：「我本來不想去，但她說服了我。我答應她去微軟上班前，會跟他待兩個小時。等我見了華倫後⋯⋯我們聊到忘了時間。」蓋茲談到巴菲特給他一份關於貧窮的報告，讓他興起了捐款的點子。巴菲特也承諾二〇〇六年會捐百分之八十五的股份給蓋茲的基金會，迄今為止已出資二十一億美元了。兩人在二〇一〇年還發起了「樂施誓約」，參加者要承諾捐出至少自己一半的財富，蓋茲承諾捐出他百分之九十五的資產，巴菲特承諾捐贈自己百分之九十九的財產，他們還遊說其他富豪一起參加。他們在實踐相生的同時，

也極大增加自己的財富。根據富士比的報導，蓋茲的資產，從
二〇〇六年的五百億美元，到了二〇一五年增加到七百二十億
美元，而巴菲特則是從四百二十億美元，增加到六百五十億美
元。

　　我把這兩人的故事告訴叙玩，並表示：「這兩位富豪透
過『相生』擴大了『當下擁有』，他們互相幫助，與世界分享
正能量，但我覺得我的『相生』跟他們相比，還差得遠了。」

　　「『相生』的方式不一定是捐款，而和妳『相生』的對
象可能是妳身邊的人，也或者是妳的貴人。但『相生』也算是
投資未來的財運，所以也不能不慎。並不是隨便什麼人都能投
資。但方式也很簡單，就是利用『擁有』信號。」

　　「喔……我懂了。不是什麼人都可以是『相生』的對
象。」

　　叙玩輕輕點頭，很篤定地說：「就是這樣，而它的答
案，就在妳心中。」

導師語錄

●「正是如此，當下擁有的最高層次，就是『相生』。」

●「『相生』可以這麼理解，
我先有所付出，
那宇宙能量就會回饋妳好運。」

●「『相生』也算是投資未來的財運，
所以也不能不慎。
並不是隨便什麼人都能投資。
但方式也很簡單，
就是利用『擁有』信號。」

導師的故事
註定是要讓別人富有的人

有錢人跟著叙玧的指引，平步青雲、戰勝對手、克服危機、資產加倍。許多人都是在人生交岔口時認識叙玧；甚至很多人是面臨巨大危機或轉換跑道。叙玧幫助他們抓住千載難逢的機會，或是改變眼前龍捲風的路徑。追隨她的人後來才明白，叙玧引導他們踏上正確的道路，因此追隨她的人數暴增。

叙玧快三十歲時，開始懷疑她的建議是否會產生蝴蝶效應。追隨她的富人因她而獲勝，那輸家怎麼辦？要是執行長聽了她的話進行人事重組，那被開除的人又何去何從？要是有人在她指引下在股市賺大錢，那賠錢的人呢？一隻蝴蝶振翅能在世界另一頭引起風暴，她開始擔心更多人，自己給的建議會改變這些人的人生。她對自己存在的意義產生了懷疑。

她被壓力壓垮，身體健康出現狀況，她在一次演講中昏厥，身體虛弱得好幾天動不了。醫生幫她做了檢查，但找不出哪裡有問題。

她的身體愈是虛弱，洞析力就愈強。對很多事情的感受更加清楚。就像人站在戶外，更能體會暴風雨的風強雨驟。她能感覺得出這時代是怎麼開啟，會往什麼方向走，還有每個人該如何在這時代立足。這些不是從哪裡學來的，而是親

自打開命運之門，從中探索而來。

　　這個時候，她想起年輕時一位老師說過的話：「世界上最有價值的東西，就是遇到一個人，信任他，幫助他。」

　　有一次受她幫助過的追隨者，找到了她，並表達感謝之情，也讓她改變想法。那是一位四十多歲的商人，讓她印象很深刻。那商人本來要在某個特定時間出國旅遊，後來被勸阻。那人後來得知，本來要去的地方發生嚴重事故。他對叙玧說：「非常感謝妳，妳救了我們全家人的命，我不知道該怎麼報答妳。」

　　後來，某一天叙玧在冥想的時候，做了一個新的決定。

　　「如果讓人富裕是我的命運，那我就接受這命運，盡力幫助相信我的人。」

　　她的直覺告訴她，等到時機成熟，會向許多人揭示財富的秘密。又過幾年，她便收到我的電子郵件。

Part VI

33

竹林

　　火車在京都郊外停下，嵐山站到了。許多人在這一站下車，前往古代日本貴族的度假勝地。我一離開車站，便嗅到明顯的潮濕氣味。抬頭看著天空說：「就快下雨了。」烏雲低垂在九月的天空下，清風吹散夏日的炎熱。我深吸一口新鮮空氣到肺裡。

　　上次和導師見面已過了兩個月。《藝伎回憶錄》曾在這地方取景，而我和叙玖也約在這裡碰面。我穿過一座古老的木橋來到竹林中，稍作駐足，感受這裡的氣氛。傳統日式木屋和諧地融入綠色小林中。風中夾雜竹林的香氣。我閉上眼，吸一口氣，那清新在我體內擴散，自動處在「當下擁有」的狀態，不多想便被這一切感動。「啊⋯⋯真是舒暢。」

　　「當下擁有」這感覺一開始練習會覺得陌生，我還時常忘記實踐。就像嬰兒學步一樣，但這嬰兒如今已經會跑了。我已經把擁有的態度完全融入生活裡。甚至不在消費時也可以實

踐，我幾乎一整天都處在意識清醒的狀態。

　　我邊走邊想，快到約好地點時，就看到叙玖站在遠處的竹林中。她穿著印有黑色花紋緊身連衣裝，感覺很像和服，加上玫瑰色的口紅，背後襯著飄著霧氣的綠色竹林，充滿了東方美。

　　我們高興地寒暄，這時下起了雨，我們撐著傘走在林道上，雨點滑落回大地前，在葉子上敲出悅耳的滴答聲。

　　叙玖向前走了半步，微微把雨傘斜一邊，抬頭看著竹林。我也停下腳步，「能在雨中漫步真是太好了，不花半分錢就有這樣的享受，我正處於『當下擁有』的狀態！」

　　可能是因為身邊的人是叙玖，我那情感更加強烈。她帶著微笑轉過來看我一眼。

　　走出竹林後雨慢慢變小。我們在渡口等著接駁船隻，開向叙玖落腳的旅館。下了船，沿著緩坡走，進入一間四百年歷史的房子，穿過優雅的日式花園和池塘，來到餐館，在這寧靜的景色中，未飲已醉。

　　懷石料理開始上菜，哇喔！太精緻了：茄子上沾芥末，接著是鱒魚捲，盤子上還有竹子做裝飾、迷你烤魚、日式涼粉，擺盤擺得很漂亮。

　　讓人賞心悅目的食物，漂亮到我捨不得吃。叙玖先從煙燻鱒魚捲開動，我也跟她一樣，鱒魚捲包著米粒，一起進到嘴裡。我閉上眼睛細細品味，然後才開口：「妳上次建議多點機會獨處。我獨處時邊思考邊寫下筆記，然後感覺腦袋裡好像有聲音……」後面幾個字已經含著食物說不清楚了。

「當下擁有」的狀態下我感覺到的東西更多了。使用擁有信號會在心裡探索自己要什麼，慢慢地內心目標也逐漸清晰。一開始會比較花時間，也努力在想該怎麼花錢。但現在我已經過了那一階段，現在開始思考自己想要什麼樣的生活，會聽到自己腦子裡的聲音，但還不夠清楚。

　　「我們的目光往往都盯著這世界和別人。」叙玩說，「但當妳獨處時，妳會把目光轉向自己，妳要學會和自己溝通。」

　　此時，生魚片送上來了，還有新鮮美味的鯖魚沾著芥末醬在我口中融合。我很喜歡這裡的食物，然後想到我飛來日本之前發生的事。當時信用卡帳單寄來，我開始進入「當下擁有」的狀態。

　　那時我以為我信用卡帳單會比平常高。但我跟自己說沒關係，我用自己正向情緒吸引來的錢更多，我會有錢付帳單。

　　打開看後，它居然比上個月少了五百多美元！我把開始實踐「當下擁有」之前月分的帳單拿出來比對。

　　我自言自語，之前的帳單因為壓力大，一時衝動買了七十美元的牛仔褲。電視購物頻道的限時特價，也買了兩百九十九元的寢具，還分期付款六個月。這些買來也沒真的在用。對了，我還買了一百八十美元的特價零食，但我也吃不完。現在我知道，那些都是紅色信號。

　　已經很能分辨「當下擁有」和「揮霍」。我可以因為自己有錢而感到高興，而且也不用花費更多。反而因為只專注真正想要的東西，不會瘋狂購物。我是真正在購物，而不是浪費

錢，也不是一時衝動，更不是看到別人買什麼我也跟著買。而且也不會浪費時間去尋找最便宜的價格。我花錢的時候，情緒很平穩，更平和也更健康在消費。

　　同時，我的正向情感還吸引更多錢。我以前那種小偏財運從來沒超過五十美元過，但現在，幾百幾千的一下子就出現。回顧我之前的擔心，我跟自己說：「我以為實踐『當下擁有』後會花更多錢，但看看實際開支，錢進來得比出去得還多，太棒了！」

34

結束等待

主菜送上來，和牛牛排還在盤子裡滋滋作響，野菇香氣更是濃郁。還有那糯米飯，吃下口後也是極致美味。我開口問心裡最後一個問題。

「說真的，最近我覺得我『當下擁有』的魔力快用完了。已經有兩個星期沒什麼好運。起初我有點動搖，但翻開筆記又恢復信心，我從筆記中看得出來，財運往正確的方向流動，所以我沒有被自己的焦慮淹沒，成功自我克制。」

敘玧溫著地笑著，「是的，所有人都會有瓶頸，就像妳在讀書時也多少會意志消沉。我先得稱讚妳，在這停滯時期妳沒有放棄，也知道如何克服消極情緒，這是練習『當下擁有』的成果，妳在這方面進步不少。」

敘玧接著提到有關「等待」的部分——

等待時不要心急，要有堅定的信心和把握。這樣就不會害

怕等待，因為最後結果一定是好的。要等到天地人都到位才行。人就是人和，會有貴人來幫助妳；地是地利，貴人出現的場合和地點；天是天時，貴人出現的時機。那個時候妳的等待就會結束，有機會一躍升天。最重要的是，當時機出現時，妳得先做好準備，不要錯失良機。恭請貴人，尊敬他並榮耀他的希望，自然就會有好事發生。（觀念來自《易經》，中國重要經典之一。）

「『等待』還有一點要注意，妳要時時小心孽緣的引誘。」

我立刻回應，「孽緣？」

叙玭端著茶杯，望向窗外，然後又回頭看我。「人們必須珍視善緣，但要是連孽緣也一起珍視，那就會引來惡運。很多時候，人的命運好壞，取決於他的人際關係。就像貴人會帶來好運一樣，孽緣則會帶來惡運。」

以前當記者，常常去警察局採訪一些被孽緣拖下水的人。有一個人替他朋友當債務保人，弄到自己賠一大筆錢。還有人因為家裡財產繼承，發生暴力衝突被抓到警察局，或是被告上法院。

我還想起大學時代認識的一個人。我在幾年前有遇到他，他交了個新女朋友，那時他投資股票失利，賠了不少也十分絕望，但對自己女友卻百依百順，可能是想從她身上忘記自己的壓力。幾個月後，聽說那女友向他的朋友借了幾千美元，而自己也曾借給她好幾萬元，之後女方消失不見；當然，欠的

錢也找不到人要。他現在才發現那女的跟他在一起是為了錢，他現在人財兩空。

孽緣真是太可怕了。我顫抖地問：「呃……我實在不想要有那種關係。為什麼在『等待』時，要特別小心孽緣？」

叙玩遺憾的口吻，「孽緣就像是惡魔的糖果，會潛入人心靈脆弱的地方，就像是垃圾食物一樣，初嚐時是甜，但長期下來有害健康。一旦妳意志不堅，很容易就屈服。」

「那要怎樣才能避免這陷阱？」

「會落入陷阱是因為在關係中，對他人期望過高，想著要從別人身上得到好處，進而盲目。反過來講，要是妳的心態是『我會先對朋友付出』或是『我付出的要比得到的多』，那就可以避開這些孽緣，吸引善緣。」

我想起自己一位朋友，我跟她好一陣子沒聯絡了，但有天她卻突然打電話跟我借幾千美元，也沒說為什麼。幾個月過去也沒還我。我討厭借錢，但也沒辦法拒絕她。「要是我已經有孽緣了……」

叙玩目光變得銳利，我身子縮了一下，導師以平靜但十分果斷的語氣說：「切斷。」

想到很多人在孽緣中痛苦無助，便有所感悟：我們的意志比自己想像的還要強大，我們有能力擺脫孽緣。只要下定決心並堅強起來。

談話結束。我很慶幸又能見到叙玩。看到她我就很高興，我歡呼：「我真幸運，能在這裡遇到像妳這樣的貴人，我相信我的等待期已經結束，因為妳就是我的貴人。」

導師語錄

- 「人們必須珍視善緣，但要是連孽緣也一起珍視，
  那就會引來惡運。很多時候，人的命運好壞，
  取決於他的人際關係。就像貴人會帶來好運一樣，
  孽緣則會帶來惡運。」

- 「會落入陷阱，是因為在關係中，對他人期望過高，
  想著要從別人身上得到好處，進而盲目。
  反過來講，要是妳的心態是『我會先對朋友付出』
  或是『我付出的要比得到的多』，那就可以避開這些孽緣，
  吸引善緣。」

【案例】

夢想愈大，等待愈長

「我想我就快升副總裁了。我該怎麼辦？」一家國際電子公司的主管問。

此人被大家視為明日之星，工作無可挑剔，言行也合宜，他因為有擢升的機會而十分興奮。

導師勸他：「現在最好拒絕升職。你應該利用這時間耕耘對上和對下的人際關係。這時候你應該讓你的玻璃杯更堅固，而不是急著填滿杯子，你要是接受了，那反而會面臨崩潰。」

她又補充：「但我不是要你被動什麼都不做，躺在地上等樹上的蘋果自己掉下來。你在等待的時候應該要積極投資自己。記住，夢想愈大，等待愈長。只有在時機成熟時，才會摘到最大的果實。」

那人後來拒絕了升職，被他的競爭對手抓住機會。大家都好奇他為什麼會放棄，但他因為信任叙玽，所以心中波瀾不驚，平靜地等著，努力不懈怠，自我反省警惕。實踐「當下擁有」。

果不其然，他的競爭對手因為前任副總犯下的錯誤，連累到官司纏身，一天到晚被叫去問話或報告，沒機會運用自己的管理技能。也因為官司的關係，該公司股價下跌，業績也受影響。

三年後，董事會推任他擔任首席執行長。因為對導師的
信賴，避開惡運，抓住了更好的機會。

....

35

土星回歸

　　午飯後，我們面對面坐在日本榻榻米上，中間有一張矮桌子。敞開的日式拉門外，有寧靜流水和綠樹。下完雨，風很涼，夾雜著森林和清泉的味道。我們喝著綠茶，聽著鳥叫，十分幽靜。叙玳看著窗外也醉心在這當下，自顧自地吟誦：

　　　「諸法空相。凡所有相，皆是虛妄。
　　　　若見諸相非相，則見如來。」

　　當然，這是叙玳自己的時光。我輕聲開啟談話，「我在三十歲之前到過京都，但跟現在的愜意不同，那時我狀況不好又很沮喪。」

　　叙玳端著杯，斟茶，儀態莊嚴。茶水流至杯中，發出清脆水聲。「快到三十歲之前，是妳人生中重要的課題。」

　　這好像跟「當下擁有」沒什麼關係，我很自然地繼續

說：「那時工作也五年了，也開始有了想要致富的夢想，積極存錢。有一天我計算了一下，存個十年二十年會有多少。但發現不管怎麼存都買不起夠大的房子，還有小孩的學費、退休金。那時我才發現，靠自己努力是沒辦法致富的。夢想很快破滅也很沮喪，出於逃避的心態來到京都。」

叙玩再次同情地點點頭，「那是妳的『土星回歸』。」

導師向我解釋，整個世界一般會把三十年當成是一代人。據說這是因為土星繞行太陽公轉一周需要二十九點四五年。在西方占星術裡，繞一周被稱為「土星回歸」。它差不多發生在一個人二十八到三十歲之間。土星就像一位嚴格的老師，會要求妳放棄幼稚和不切實際的幻想，去面對現實和自我意識跟責任感。要是妳好好利用它，妳可以克服苦難，在現實中覺醒成長，變成真正的成年人。

「土星回歸通常是在二十八到三十歲，還有五十八到六十歲之間，這個時期幻想和自以為的聰明會破滅。要是能好好利用，妳會產生質變。這時候更需要專注自己內在聲音和實踐『當下擁有』，而且效果會十分顯著。」

她解釋道：「土星回歸是嚴酷考驗時期。面對它，不要逃避。土星也被人稱為嚴格的老師，如果要用棍子和胡蘿蔔比喻的話，它更像用棍子來教導人的老師。土星回歸時會面臨嚴格的考驗，像是身體的病痛、家庭成員的糾紛或是其他難

題。」

「喔，所以我當時沮喪，是因為那是我的土星回歸？」

她點頭說道：「佛家語有句話叫『啐啄同時』，它的意思是，小雞要從蛋裡孵出來，得靠自己跟母雞同時從內和外打破蛋殼才行。這和土星回歸的概念是一樣的。妳想要突破外殼的欲望，和宇宙要打破它的能量同時相遇。在這期間裡，所有的痛苦都是幫助妳昇華的能量。當妳衝破外殼後就會進入真正的世界中，妳有很大的能力可以掌握妳的生活。」

有關土星回歸的東西，我事後又補查了一些資料，找一些利用土星回歸達到昇華的真實案例。釋迦牟尼佛貴為王子，但在二十九歲拋開一切，開始離家修行；安德魯‧卡內基也在三十歲時離開他工作十二年的鐵路公司，專心自己的事業，後來成為鋼鐵大王，打造無數的煉鋼廠和熔爐。湯瑪斯‧愛迪生二十九歲建造實驗室，開始他的發明之路；同年他發明了碳帶式麥克風並成功投入市場，第二年又發明了留聲機。

但那個時候我在和導師聊天，沒心思去管歷史上成功度過土星回歸的人，我急得想哭，我覺得我想突破的欲望碰壁後，自己卻沒有勇氣打破蛋殼，愚蠢地選擇放棄希望。沒有希望的生活是黑白的，就像早已註定好的一切，我只是照表操課，人生沒有樂趣。

我緊張地問：「我該怎麼辦？我已經過了土星回歸的時候，沒有面對它，打破蛋殼，早知道那時候就不該放棄希望，該去實踐『當下擁有』。我現在該怎麼辦，要等到六十歲嗎？」

她優雅但堅定地說：「不用擔心，妳土星回歸的課題到現在仍然有效。要是妳能領悟它帶來的課題，妳還是能突破蛋殼。」

知道自己還有機會後鬆了口氣，雖然晚了十年，但我還是想要像小雞破卵一樣進入新世界，敘玟也同時在外面幫我打破蛋殼，我現在沒太多時間能浪費。

導師語錄

●「土星回歸通常是在二十八到三十歲，
還有五十八到六十歲之間，
這個時期幻想和自以為的聰明會破滅。要是能好好利用，
妳會產生質變。這時候更需要專注自己內在聲音和實踐
『當下擁有』，而且效果會十分顯著。」

●「佛家語有句話叫『啐啄同時』，
它的意思是，小雞要從蛋裡孵出來，
得靠自己跟母雞同時從內和外打破蛋殼才行。
這和土星回歸的概念是一樣的。
妳想要突破外殼的欲望，和宇宙要打破它的能量同時相遇。
在這期間裡，所有的痛苦都是幫助妳昇華的能量。
當妳衝破外殼後就會進入真正的世界中，
妳有很大的能力可以掌握妳的生活。」

【案例】

那些殺不死你的，會讓你更強大

「要是能好好利用土星回歸，人生會有非常驚奇的事情發生。困在蛋殼裡的小雞和破蛋而出的小雞，不可能作著同樣的夢，後者在更寬廣自由的世界裡。在這轉變的過程，接納自己的期盼，想像未來自己，並調整自己的行動。」叙玠解釋道。

我研究了一些成功克服土星回歸的名人案例。

美國前總統，比爾・柯林頓從耶魯法學院畢業後，回到阿肯色州去競選眾議院的議員，那時他已二十八歲。後來以五千票差距落選。四年後他競選州長成功，成為美國歷史上最年輕的州長。

現代汽車創始人鄭周永也是在二十八歲碰到困難，他的A-do Service汽車修理廠被日本公司強行收購。但他轉化這經驗往前，三十一歲利用自己對汽車的了解及經驗，創立了現代汽車，之後還成立現代民生工業。現代集團如今已經是跨國大集團。

軟銀總裁孫正義二十六歲被診斷出有慢性肝炎，壽命很難超過五年。但他有著想要建立全球IT產業的夢想，帶著強烈的欲望，在住院期間裡讀了四千多本書。他從肝炎中康復，二十九歲重返工作崗位。克服自己的苦難後，很快拓展自己業務，成就今天的軟銀。

❖

36

固著執念

「那像我六十六歲高齡的母親怎麼辦？老人家還能利用
『當下擁有』帶來好運並致富嗎？」

和叙玩談話時，我想起了母親，她的兩次土星回歸已經
過了。她仍陷在我父親死亡的悲傷中，但身體還是很健康。如
果以平均壽命來看，她還有二十年左右的時間。但母親依然無
法自在花錢，我懇求她放心享受生活，她回：「我一輩子都在
省錢，妳要我怎麼說放心就放心？」

就像父母總是希望孩子幸福，我也希望父母能幸福。雖
然父親已經去世，但我希望母親也能活在當下，而且我已經知
道最好的方法就是「當下擁有」。

叙玩理所當然地回答：「永遠不會太晚，好運不分年
齡。」

她低下頭，喝一口茶後抬頭看我。

「問題在固著的執念。」

我沒想到答案會是這樣，她簡簡單單就改變了我的思考方向。「如果妳才二十多歲，但卻有很深的固定想法，妳會很難注意到『當下擁有』的效果。反過來說，就算妳已經七、八十歲，但仍保持思想開放，那妳隨時能透過『當下擁有』發財。」

　　「喔，所以不是年齡問題。只是年紀大了，人的想法會愈固定，沒以前那麼開放自由。但要是沒有那麼固執，一樣能透過這方法致富。」

　　叙玩閉著嘴點點頭。

　　「是的，固著的想法就是妳看這世界的鏡片，妳也能透過它來看到自己心中的成見，這成見會破壞妳致富的道路。」

　　「這也是為什麼我在土星回歸時會沮喪。我一直以來的刻板印象，就是覺得只有存下賺來的錢才能致富，一旦發現沒辦法後就心生放棄。」

　　每次要決定時，那固定的想法就會束縛著我，緊抓我的腳踝不讓我前進。在我認識叙玩之前，心裡已經有這樣的聲音：

　　只有繼承大筆遺產和傑出的菁英才能致富，像我這樣的普通人怎麼可能會有錢？靠死薪水過活才是最穩定的方式。這世界充滿險惡，看看新聞，每天有多少人破產。

　　思考了一輪，我記者本能又被激發，還想對這話題深入聊一聊。「隨著資訊發達，還有第四次工業革命，舊的觀念不是一點一點在改變嗎？現在社會愈來愈多元化。幾年前，人們覺得要當醫生、律師或是在公司找份高薪的工作才是最好的出

路，但現在這樣的想法也改變了，愈來愈多人想要自己創業，或是從事自己喜歡做的事，用這樣的方法來發財。」

敘玧像是同意我說的，點頭笑了。

「沒錯，這觀察很不錯，但有些東西沒那麼容易說變就變。」

她靜靜喝了一口茶，目光銳利地抬頭。

「我們之前不是說了，『當下擁有』最重要的東西是什麼？」

我回想了一下，「情感？」

「是的，就是這樣。這些固著的想法不是說改就改，正是因為它被情感束縛。」

我歪著頭，似懂非懂。她看我的反應，笑著繼續說：「假如妳今天有個朋友離婚，妳會對她說什麼？」

「這個嘛……她一定很難過，所以我會先安慰她……」

敘玧突然開口，「就是這個，這就是被情感束縛的固著想法。」

她眼睛炯炯有神，一副要引人反轉思維的口吻。

「我們會決定什麼樣是好的，什麼樣是壞的，並以此為準來決定自己該有的情緒反應。包括離婚分手、身體不適、生意不順……這些不都被視為是不好，不幸的事情嗎？」

我想了想，然後搖搖頭。「不完全，在一些名人成功的故事中不一定。有時候一個企業崛起，是因為不久前遭遇過重大打擊。或是一個人分手離婚，讓他全心投入工作，後來變成世界名人之類的事情。」

「我分析過上萬個案例，事情總會有一個轉折點。在某些時候，對一個人好，在日後可能會變成害他的毒藥。很多時候，不幸的事情反而讓人有重生的機會。以我的情況來講，我身體的虛弱也讓我意識到，要不是這樣，我的才能也不會突飛猛進。」

　　「正是如此。原來這就是被情緒束縛的固著想法。但只要態度一改，很多事都會變得不一樣。」

　　叙玧堅定地說：「是的，和情緒有關的固著執念不是什麼科學研究出來，只是傳統智慧。當人陷入困境時，這固著的思維會和特定情感連在一起，會看起來沒有出路。但只要妳能轉一下頭，會發現有另一扇開著的窗。」

　　看著她，我就覺得整個人充滿信心活力。她就像為我打開了一扇新的窗。我在想，要是以前我碰到麻煩，一定會屈服和絕望，把自己關起來。若這只是一種固著想法，那我就不必那麼絕望，只要轉個頭，就有新的出路。

　　「你的生命有限，別浪費時間過別人想要的人生。不要被死觀念限制，不要照別人所以為的方式過活，不要讓別人指指點點的雜音蓋過你自己內心的聲音。重要的是要有勇氣跟著你的直覺和內心前進。」

—— 史蒂夫・賈伯斯

導師語錄
. . . .

●「永遠不會太晚，好運不分年齡。」

●「固著的想法就是妳看這世界的鏡片，
　妳也能透過它來看到自己心中的成見，
　這成見會破壞妳致富的道路。」

●「很多時候，對一個人好，在日後可能會變成害他的毒藥。
　也有的時候，不幸的事情反而讓人有重生的機會。」

●「和情緒有關的固著執念不是什麼科學研究出來，
　只是傳統智慧。當人陷入困境時，
這種固著的思維會和特定情感連在一起，會看起來沒有出路。
　但只要妳能轉一下頭，會發現有另一扇開著的窗。」

在認識敘玧過後的幾年裡，我也在尋找一些真富人的案例，這些人就算年紀大了，也賺取不少財富。他們已經擺脫那些限制生活的固有觀念，並利用「當下擁有」來吸引金錢。

安藤百福在一九五七年遭遇不幸，他就任的信用合作社破產了，只剩一棟房子。雖然失去謀生的方式，但他沒有絕望。把他養大的祖父曾跟他說過：「無論人生多麼困難，都不要放棄希望。相信自己，好好學習，總有一天你會成功。」

有一天，安藤看到有人在排隊喝湯。他決定開發一種方便準備的麵條。他對廚藝食材什麼的沒有累積半點經驗，但他一直想著自己祖父說過的話，在一間小小的地下室裡反覆研究。雖然大家都笑他，只有他堅信自己會成功。

第二年，他剛好看到自己妻子在炸東西。靈機一動，就發明世界上第一碗泡麵。六十一歲的他，擴大自己的業務，開發出只需要加熱水就能食用的杯麵，變成了泡麵之王，他九十一歲去世，在辭世之前也每天吃一碗。他以自己證明了創新不是專屬年輕人的事，也駁斥了吃泡麵不健康的社會刻板印象。

三星創始人兼總裁李秉喆，七十三歲那年決定投入半導體行業。

「投資半導體需要大量金錢，而且產品壽命很短，這風險太高。我們也沒有研究人員，就算現在開始也得花二十年才趕得上競爭對手。」主管們不支持他的想法，反對聲浪很高。當時要有一條半導體生產線大約需要十億美金，這是非常高的投資成本，但李秉喆想得很遠也很殘酷。

如果這項業務失敗，公司可能會破產。我也七十三歲了，我真的想要承擔這後果嗎？

可是他確信三星的未來會在半導體領域，因此他決定接受挑戰。結果主管階層擔心的事不但沒發生，三星當年還成功開發了一種新的半導體產品。李秉喆為公司用盡全力，直到七十七歲去世。不管是東半球還是西半球，很少會有人在七十幾歲冒著這樣的風險，投入新的行業中贏得巨大成功。

李秉喆開創新的業務改變了公司命運。三星半導體取得讓人不可置信的成功。在二〇一七年的《財富》雜誌上，三星在五百強企業中排行第十五。

❖

37

在這個世界發財，難嗎？

「妳覺得現在要致富，比起上一代是更容易還是更難？」敘玧問。

在認識敘玧前，我對這問題已經思考過無數次，也問過很多專家學者的意見。他們都一致地認為，通往財富的道路已經被切斷。對美國千禧一代的調查也是相似的。一千兩百名受訪者中，超過半數，有百分之五十四的人表示：「我不認為我的生活水準會超越我父母。」

於是我回答：「我覺得是更難，朝鮮戰爭後，我父母生活飢寒交迫，為了結婚還負債。但在一九七○到一九九○年，經濟飛速增長，利率提高。資產取得變得容易。我父母用儲蓄的錢買了房子，後來又轉賣，擺脫貧困。但現在不同了，專家也說了，現在要往上流動幾乎不可能，新聞也表明，要是沒有繼承遺產，很難致富……」

我停了下來。敘玧曾說過，任何人都可以透過「當下擁

有」來致富，我自己實踐「當下擁有」的經驗也替我吸引了不少錢。我們還談了怎麼擺脫既定的刻板觀念。一想到這段時間叙玩是如何盡心盡力開導，我覺得我不能給出一個受成見束縛的答案。我小聲地說：「我是這樣以為，但是……」

叙玩笑著表示沒關係。

「再想想，能靠自己發財的人真的那麼少嗎……」

在我記者的生涯中，也認識不少白手起家成功的人。其中一位是研究生，他成立一家公司，短短幾年內的銷售額就上升到數十億美元。也有一些三十幾歲的男人，靠投資賺了上千萬。但會不會是因為是記者的關係，所以也比較容易接觸到這些人？

我想到曾在報紙上看到有一家叫瓦比派克的眼鏡品牌報導，瓦比派克成立於二〇一〇年，由華頓商學院的四名研究生成立。剛開始時只做網路通路，以市面上三分之一的低價策略殺出，並向客戶免費寄發眼鏡試戴。但剛開始時，獲得資金也很不容易，無數次向銀行申請貸款都被拒絕。創始人從未動搖，深信自己一定會成功。六年後，這家公司價值超過十億美元。二〇一五年，被《快公司》評為最具創新公司之一，超過谷歌和蘋果。

瓦比派克的創始人中，有兩位也是我讀管理碩士的同學，我們在同一間教室一起修了一年的課。我記得他們還寄了調查郵件，表示想在畢業前就創業，問我目前的眼鏡花了多少錢、最討厭訂購服務的哪幾點、我覺得合理的眼鏡價格是多少。

我還想到另一篇有錢人的統計報導。彼得森國際經濟研究所曾對《富比士》商業雜誌列出二十年來的億萬富翁進行分析，白手起家的富豪比例在上升。一九九六年是百分之四十四點七，但到了二〇一四年，這比例在富人圈裡已達到百分之六十九點六。

億萬富翁財富來源比例

1996　　　　　　2001　　　　　　2014

55.3%　　　　41.9%　　　　30.4%

44.7%　　　　58.1%　　　　69.6%

■ 遺產繼承　　　　■ 自創獲利

　　我停下思考，看著叙玩。她靜靜地等我思考，一邊看著昏暗幽靜的庭園，一隻麻雀在錯落有致的林間鳴叫，打破了寧靜。叙玩溫柔地望過去，此情景和她融為一體。

　　我開口：「我在回想的時候，世界上還是有一些白手起家的人。那我們又為何要固執地相信，不再有人能靠自己力量發家致富的說法？」

　　叙玩沒有立刻回應，只是又把茶壺加熱，把壺身傾斜斟了茶，輕輕捧著杯子，沉默了幾分鐘。我的好奇心居然沒有按捺不住。叙玩不再專注在飲茶，終於抬頭，凜冽的目光向我投射。

「因為我們把自己監禁起來了。」

「什麼？監禁？」

她後面的解釋，又一次顛覆了我。「我是說，我們被自己看世界的方式侷限，鎖上自己的潛力。任何人只要能掙脫，都能依靠自己的潛力致富。」

可是她的回答仍有不足，「什麼看世界的方式？」

叙玧後來講了機械論和有機論的觀點，我打開手機上網搜尋。

依照機械論的觀點，世界就像一台巨大的機器，可以用數學的因果來解釋。個體和世界完全分開，這個世界沒有我也照常在運轉。相對地，有機論的世界觀認為，我們不是置身事外的觀察者，我們是這個世界的參與者，和世界並不是分離的，還會相互影響，彼此給予和接受能量。

我把網路上搜尋到的看完後，想起了高中時似乎有學過。叙玧補充道：「有機世界觀是東亞世界的傳統，道家有『天地與我並生，萬物與我為一』的觀點，佛教也有『地與我同根，萬物與我一體』的說法，還有儒家的『天地萬物一體之仁』一說。在東方哲學，生命是在自然界的有機體，人們和萬物相互依存和諧共處。」

導師語錄

- 「我們被自己看世界的方式侷限，
  鎖上自己的潛力。
  任何人只要能掙脫，
  都能依靠自己的潛力致富。」

38

逃離母體

　　我把從叙玬那聽到的東西做一番整理，仔細得出一個結論：「依機械論的世界觀，我們只是世界組成的部分，有機世界觀，似乎暗示我們可以改變這世界，我說得對嗎？」

　　「是，沒錯。還記得我們談過真富人是怎麼看待世界的嗎？」

　　「喔……妳說真富人創造世界就像在揉麵團一樣，對吧？他們利用情緒在創造世界。所以他們生活在有機世界觀裡，可以隨心所欲改變世界。」

　　此時我才明白，為什麼我會覺得自己跟真正富人不是活在同一個世界裡，不是因為他們有名車、豪宅，而是他們的世界觀和我的不同。理所當然了，散發出的能量也不一樣。我嘆了口氣，「唉，我從來沒想過，在自己被教導的人生道路外，還有另一個世界，我一直努力扮演好一個大機械裡的小齒輪。」

我下意識地嘆了口氣，叙玝輕拍我的肩膀，眼神露出柔和又溫暖的光芒。

　　「不是只有妳一個是這樣的，洪女士。多數人都沒意識到自己有這樣機械論的觀點。他們視這世界為一座巨大的工廠，而自己只是裡面的一個小齒輪。枷鎖很早就套在身上，這一輩子能賺多少錢也被定好了。他們會覺得不能貪心，而且得做出犧牲，這樣才能擺脫貧窮。」

　　當然了，家庭和學校都告訴我，我必須成為機械的一部分，不要追求自己夢想，抑制消費衝動，盡可能多存一點錢。我必須犧牲今天換取明天，盡可能以避免風險的方式來生存。所以我十年前就放棄過致富的希望，這樣的生活充滿絕望，我從來沒快樂過。

　　但導師說，這些觀念都是我給自己的監牢，每個人生來都有致富的潛力。一想到這個，我就興奮不已。我要逃離這座監獄。

　　叙玝輕聲地問：「妳看過《駭客任務》這電影嗎？」

　　「有，我很喜歡那部，看了好幾次了。」

　　「那妳回想一下，主角意識到自己是活在母體裡的那一幕。」

　　「我記得尼歐那時在選擇吃紅色藥丸還是藍色藥丸，他選擇了紅色的，發現自己生活的世界是被電腦操控虛擬出來的，並選擇了活在真實世界。」

　　「喔……我一定是活在一個叫機械觀的母體裡。我只是提供這機械運作的一顆電池。但我吞下紅色藥丸後，這世界看

起來不同了！」

「妳目前所感知到的，不是母體外面的真實世界。在真實世界裡，妳能聽到真正的聲音，釋放妳的潛能，隨心所欲改變世界，這就是真富人在做的事。對他們來說每一天都是真實生活，為之歡慶。」

我看向對面的導師，我有自信能做得到。

「要怎樣才能逃離母體？」

「信不信由妳，妳已經在打破監獄的圍牆了，把汲取妳能量的軟管拔除。」

「接下來呢？」

「現在依妳想去的地方，重新找到妳的坐標。還要思考，要怎麼影響這已經改頭換面的世界。我建議妳先看一些書報，現在重看它們，是否會發現不一樣的地方。」

我立刻接話，「這期間，『當下擁有』會幫助我，對嗎？」

「是的，『當下擁有』就像耶穌誕生時，天上出現指引人們的伯利恆之星。它能減少妳的恐懼和焦慮。」

我跟叙玧分別前握了握手，從她脆弱的指尖感受到強大的能量，她把所有精力都放在話語上，字字珠璣。

「《駭客任務》裡有句話是這樣說的：『我試著解放你的思想，但我只能讓你看到門，穿過門還得靠你自己親自過去。』妳才是突破母體的人，沒有人能代替妳做這件事。妳已經快到了，洪女士，只要再往前踏一步，事情會比妳想像的來得快又容易。」

告別後，我走出屋子，感覺和我剛進來時完全不同，像是進入另一個時空。全身心都知道我已經離開母體，我精力充沛地往前邁進。

導師語錄

- 「多數人都沒意識到自己有這樣機械論的觀點。
  他們視這世界為一座巨大的工廠，
  而自己只是裡面的一個小齒輪。枷鎖很早就套在身上，
  這一輩子能賺多少錢也底定好了。
  他們會覺得不能貪心，
  而且得做出犧牲，這樣才能擺脫貧窮。」

- 「妳目前所感知到的，不是母體外面的真實世界。
  在真實世界裡，妳能聽到真正的聲音，釋放妳的潛能，
  隨心所欲改變世界，這就是真富人在做的事。
  對他們來說每一天都是真實生活，為之歡慶。」

- 「信不信由妳，妳已經在打破監獄的圍牆了，
  把汲取妳能量的軟管拔除。」

- 「『當下擁有』就像耶穌誕生時，
  天上出現指引人們的伯利恆之星。
  它能減少妳的恐懼和焦慮。」

- 「妳才是突破母體的人，沒有人能代替妳做這件事。
  妳已經快到了，洪女士，只要再往前踏一步，
  事情會比妳想像的來得快又容易。」

39

我真正要的東西

回到韓國後,我又看了一遍《駭客任務》。好像整個劇情都在告訴我要逃離母體。電影中描寫知曉怎麼回事,和真正去執行之間的差異,特別讓我有共鳴。多虧了叙玧,我才知道這是怎麼回事。現在我只需要去執行。叙玧引導我至此,最後一步由我跨出。

我決定逃離母體,但我不知道怎麼開始。不是因為沒耐性,也不是焦躁不安,我知道這樣的情緒對生活一點幫助都沒有。就像去日本之前就開始寫的擁有筆記,獨處的時光就像漂浮在河裡一樣舒服。我試著在流動的河裡反思自己,回想叙玧說過的話,我很平靜。

我試著從她建議的開始,閱讀書報,然後試著審視自己的思想。有一次我讀到一個商人的報導,他辭去高薪工作要創業。

要是以前,我會跟自己說:看看這個,一年多了還在掙

扎，還沒開始盈利。還不如拿固定薪水、過著安穩的生活才是最好的，這就是現實。

但現在我已經擺脫這機械論的世界觀，我看報導的方式不同。這個人的能量不會再被這世界吸走，他離開了這監獄。

我在看有名企業家故事時，也有不同的感觸。以前我會覺得，這個人一定對科技很擅長；那個人一定是想到別人都想不到的點子；當然了，這女人每週工作超過一百個小時；成功只是鳳毛麟角，像我這樣的普通人，別夢想能跟他們一樣。

但一旦我決定逃離母體，我的感覺就不同了。那個人知道「當下擁有」；這女人聽到自己的心聲，知道自己將來會是個有錢人。學會導師教我的這些，我知道那些人為什麼致富了！

說真的，就以前來看，把自己當成機械裡的齒輪也沒什麼不好，而且我不相信自己有能力改變。我沒辦法想像沒有薪水的生活。別人為了生活忍耐克制，我以為自己也該過這樣的日子。

但現在我有逃離母體的勇氣，再次見到叙玖後，學習「當下擁有」找到真心要的。我對自己會變成有錢人充滿信心。決定要找到自己真正想要的。

有一天在報紙上讀到，一名記者改行當小說家的新聞。腦袋裡靈機一動，我喊道：「我想寫一本教人怎麼致富的書！這樣大家就算沒見過導師，也能學會『當下擁有』！」突然一切明朗了起來，我的潛意識告訴我這是通往好運的道路。我對自己說：就是這個！我知道自己要什麼！我要寫一本有關「當

下擁有」的書。

我打算在美國出版，這樣全世界的人都可以很快學會這個方法。如果不先在韓國市場出版，韓國作者很難在美國出書。美國出版品來自其他國家的書不到百分之五。不僅如此，我之前也沒有出書的經歷。從機械論的觀點來看，要一家全球性的出版社出版一個名不經傳的作者幾乎不可能。

但我知道我可以透過情感改變世界，就像真正的富人一樣。我體驗過這感覺，想要寫書這件事我也確認過信號。對於未來改行當作家這件事，有一種幸福和舒適的感覺湧上心頭，這顯然是綠燈。我不再猶豫，我開始寫出書企劃。

幾天後，我得去另一個城市出差處理工作上的事。我看向飛機窗外，練習「當下擁有」。我記得我所擁有的一切，也感受成功出書的感受。時候到了，我腦子裡浮現清楚的聲音：辭職吧。

一開始我以為我聽錯了，就算是在寫企劃時，也沒想過要辭職。我一直以來不是隸屬學校就是公司，從沒想過一個沒拿薪水，早上起來不用打卡的生活。但內心的聲音很清楚。我早上起床、帶兒子去幼稚園、去公司開會，那內心的聲音愈來愈大。

我問自己，這就是叙玧提到內心真正想要什麼的聲音嗎？

我內心很清楚地告訴我，這就是我自己的聲音，我已經找到自己真正想要的，不需要再為了母體消耗自己的能量。

當時我工作都很順利，我在一家全球顧問企業的韓國分

公司擔任公關部主管。有穩定的薪水，和同事關係融洽。每次拿出名片時，人們都會投以羨慕的眼光。而且我去年才加薪百分之十五。

當我說要辭職時，朋友們都驚愕地反對。我同事還建議我：「妳這時候要辭職也太衝動了！妳知道一年書市出版量有多少嗎？妳何不把寫作當成一種嗜好，在週末時動動筆就好。」

我以前企管碩士的同學也說：「到了這年紀，有誰能靠自己想做的事過活的？妳最後只會失業在家顧孩子。放棄這荒謬的夢想，清醒一點！」

❖

40

走入幽徑

周圍充滿不同的意見，焦慮和恐懼在腦中浮現，也許他
們才是對的，我不是二十幾歲的年輕人，要是我辭職的決定是
錯的怎麼辦？我要怎麼養我的孩子？我失業時人們會怎麼看
我？如果我想寫書，也可以同時保有目前的穩定工作。

我很擔心，發了封電子郵件給叙玩。「我內心叫我要辭
職，但聽了所有認識人的意見，現在開始動搖了。哪一邊才是
正確的？」

幾天後看到她回信，「我看了妳的來信，我想妳已經
知道答案。妳需要自信來消除焦慮，請試著感受妳心裡的答
案。」

聽到她的回應，猶如春來雪融。我心想，導師這麼相信
我，我可以自己找到答案。

叙玩的來信給了我勇氣，相信自己。我用信號檢查了自
己的焦慮和恐懼，那不適感源源不絕，身體緊張，胃部抽痛，

像是有塊重石壓在胸口，耳邊像有狂風在吹一般的噪音，這絕對是紅色信號。我說道：「喔！是紅燈，我的焦慮和擔心是虛假的聲音！」

我用這種反向測試幫我找到了方向。我持續實踐「當下擁有」的世界，似乎在告訴我通往財富的幽徑。

就在叔玩回信沒多久後，我接到房地產經紀的電話，問我有沒有意願出售我的公寓，聽到它現在的市值時，差點從椅子上跌下來。比我去年買時又漲了三十萬美元。相當於我連續五年每個月存五千！我沒多花一分錢，「當下擁有」就替我帶來這筆意外之財！我到簽下出售同意時也仍在驚訝中。

「『當下擁有』的奇蹟！這就是我擁有的世界！」

我賣掉公寓後，當天和家人在一家著名的法國餐廳大吃一頓，幫我丈夫買了套漂亮的西裝，給我兒子買了一套他想要的火車玩具組。我太高興了；花這筆錢證明我有很多錢，嘴裡喝著昂貴的紅酒，心想：哇喔！突然一大筆錢冒出來……太不可思議了！

幾天後，我像往常一樣，在公司對面的咖啡廳實踐「當下擁有」。但手邊有個東西感覺很怪——公司的通行證莫名其妙裂成兩半，裂口十分平整，像被刀切斷一樣。它沒有摔到，也沒撞到什麼東西，但塑膠卡就是裂開了。有種晴天霹靂的感覺。這答案再明顯不過，我想，「這是來自『當下擁有』世界的暗示，我需要傾聽自己內心的聲音。」

我去公司上班，毫不猶豫和首席執行長會面，跟他說我要辭職去寫書。我離開公司時，心如止水，充滿平靜的幸福。

幾天後，我用箱子打包自己的私人物品離職了。回到家，我寫了信給叙玩讓她知道我的決定，我睡得比以往都安穩。

第二天很早就醒來，我沒趕著上班，沒有排得滿滿的行程。平常手機常常響個不停，現在像是罷工了一樣。現在，時間完全屬於我自己了。我默默煮了咖啡，香氣瀰漫整個房間，好像叙玩就在眼前，看著她神秘的笑容，自己像在跟她一起喝咖啡，手捧著杯子品味香氣。

然後我電話好像又復工了，開始響鈴，我看了一眼，是視訊電話。「咦？叙玩打來的！」

這是她第一次打電話給我，視訊裡的她在燦爛的陽光下笑得開心。她身後是美麗的山和湖水，身穿白色T恤和牛仔褲。她說自己在紐西蘭的湖邊小屋，那裡天氣很好，她看起來也比前一段時間更健康更有活力。

通完話，我能感受到她強大的能量。我得到導師的支持，我立刻坐在電腦前開始寫下出書企劃，然後寄到美國各大出版社。

兩個星期過去，我收到很多拒絕我的信，但我沒動搖，我確信正走在好運的道路上。

某天早上，我醒來，像往常一樣滑著手機。一封陌生的電子郵件引起了我的注意，是一名著名的經紀人從美國寄來的，她說她看了我的企劃書，想跟我簽約。我像彈簧一樣從床上跳起來，就像我第一次接獲叙玩的回信一樣。我沒預期會收到這封信，但我並不驚訝，我知道我在「當下擁有」的世界開創了自己的未來。

　　我現在走在那條幽徑上，通往前方未知的森林。我並不擔心，而且知道這條路會通往真正的財富。陽光普照空氣清新，還有蟲鳴鳥叫。轉頭看看身邊，有叙玩溫暖的笑容在為我加油，我活在當下，這就是當下擁有。

Notes

National Survey of Millennial），「Economic Innovation Group」網站（http://eInstagram.org/millennial），2016

CHAPTER 29

運勢

173　《世界上所有的錢：富比士四百富豪如何賺錢和消費》（暫譯，*All the Money in the World:How the Forbes400Make-and Spend-their Fortunes*），彼德W・伯因斯坦和安娜琳・史旺，2016

CHAPTER 30

命運的岔路

176　個人潛意識儲存個人成長歷史文化。榮格把集體潛意識視為各種人類潛在原形的寶庫，並決定了個人如何看待世界的方式。

176　〈米爾頓・艾瑞克森的反思〉（暫譯），瑪麗蓮・偉奇，《今日心理學》12.17.2011

CHAPTER 31

潛意識的力量

179　〈2011孫正義Live〉（暫譯，Masayoshi Son Live 2011），出自「www.softbank.jp」網站,3.2010

179　《一網打盡：傑夫・貝佐斯和亞馬遜的時代》（暫譯，*The Everything Store:Jeff Bezos and the Age of Amazon*），布萊德・史東，（Little,Brown and Company出版）2013。

179　〈透視貝佐斯〉（暫譯：The Inner Bezso），契夫・拜爾，「Wired」網站，3.7.2018

CHAPTER 32
相生

183　「相生」意味著相互給予生命。「相」表互相，「生」表生存、活著。

184　「五行」，人類和自然現象都可以用五行裡的木、火、土、金、水之間的關係來說明。

185　〈二十五年的學習與歡笑〉，比爾・蓋茲，「www.gates notes.com」網站，7.5.2016

CHAPTER 35
土星回歸

200　《大乘起信論》，李提摩太，(Jazzybee Verlag出版，2012年)

204　〈比爾・柯林頓的政治生涯〉（暫譯，*Bill Clinton's Political Career*），CNN

204　《只有試煉，沒有失敗》（暫譯），鄭周永（Jesam kihwaek，1991）

204 《志高：孫正義正傳》（暫譯，*Aiming High:A Biography of Masayoshi Son*），井上篤夫（YouTeacher Inc.出版，2013）

CHAPTER 36
固著執念
210 「一九八三年，三星宣布……寫下半導體神話。」Eunsik Wu，《紐西斯通訊社》6.30.2013

CHAPTER 37
在這個世界發財，難嗎？
211 〈千禧世代經濟報告，EY＆EIY調查〉（暫譯，The Millennial Economy-Findings from a New EY&EINSTAGRAM National Survey of Millennial），「Economic Innovation Group」網站（http://eInstagram.org/millennial），2016
212 創始人分別是：尼爾・布魯蒙索、安德魯・亨特、大衛・吉爾博還有傑弗瑞・萊德，〈焦點：瓦比派克眼鏡試戴〉《Vogue》2.22.2010
212 「瓦比派克共同創辦人表示，一開始最關注的就是價格。」凡妮莎・奧康內爾，《華爾街日報》7.18.2012
213 〈超級富豪的起源：億萬富翁特徵資料庫〉（暫譯，The Origins of the Superrich:The Billionaire Characteristics Database）卡洛琳・佛洛因德及莎拉・奧利佛，彼得森國際經濟研究所，2.2016

214　「正如笛卡兒所假設的那樣，精神和物質之間不同，運作方式也有根本性的區別。物質世界就像一台機械，遵守機械規律，牛頓的運動定律；而心靈有辦法透過內在理性，理解這些規律。自然本身也遵從機械法則，所以在自然界裡的生物，只是複雜機械。這樣理解典範有一種中產階級式對個人和社會關係的理解，以及人類和自然關係的理解。」大衛・胡克斯，〈馬克斯政治經濟學的量子力學觀，及其可能發展〉（暫譯，The'Quantum Theory'of Marxian Political Economy and Sustainable Development），「http://pcwww.liv.ac.uk/~dhookes/Kingstonl.pdf」2009

214　「新的典範可以稱為『統合視野』，把世界視為一個整體，而不是部分的集合。所以『生態』這一詞會更常出現，也有更深的含義；也可以稱之為『生態觀』。從此觀點可以深刻了解到，所有現象底下，都有很深的相互性，而人與社會之間也是以一種循環的方式連動（以及高度依賴）。」佛瑞肖夫・卡普拉，《生點之網：對生命的新科學觀點》（暫譯：The Web of Life:A New Scientific Understanding of Living Systems）（Anchor Book,1996）

CHAPTER 38
逃離母體

216　《駭客任務》在一九九九年上映，華卓斯基姊妹導演，主角湯瑪斯‧安德森是一名平凡的上班族，後來成為名叫尼歐的傳奇駭客。他遇到了駭客墨菲斯，發現了驚天動地的事實，他所在的生活世界一切都是虛擬的，是一個以人類當作能源的母體機械創造出來。尼歐意識到現實後便逃離母體，加入反抗組織，投入對抗巨型母體的戰爭中。當在母體內和電腦特工作戰時，尼歐意識到他像有超能力般，可以任意操控母體裡的事物。

216　在電影裡，墨菲斯張開雙手給尼歐看，分別有一顆紅色藥丸和藍色藥丸。「你吃了藍色藥丸，那事情就結束了，你會在床上醒來，相信你想相信的一切。你吃了紅色藥丸，你會待在仙境裡，我會讓你看看兔子洞有多深。」

❖

致謝

謹對以下所有人表達感謝：

珍・戴斯特爾和Harmony Books出版社，

為了出版這本書費盡心力。

勞拉・金頓的翻譯；

我家人無止境的支持和理解，

以及《YooooN Magazine》（www.yoooon.com）

讀者們的關心和鼓勵，謝謝你們。

最高致富秘密 / 李叙玧, 洪宙妍作 ; 牛世竣譯. -- 初版. -- 臺北
市 : 春天出版國際文化有限公司, 2021.07
　面 ;　　公分. -- (Progress ; 12)
譯自 : The Having : the Secrect Art of Feeling and Growing
Rich.　　　　　　　　ISBN 978-957-741-371-0(平裝)
1.成功法 2.財富

177.2　　　　　　　　　　　　　110010739

最高致富秘密

Progress 12

作　　　者◎李叙玧、洪宙妍	總　經　銷◎楨德圖書事業有限公司
譯　　　者◎牛世竣	地　　　址◎新北市新店區中興路2段196號8樓
總　編　輯◎莊宜勳	電　　　話◎02-8919-3186
主　　編◎鍾靈	傳　　　真◎02-8914-5524
出　版　者◎春天出版國際文化有限公司	香港總代理◎一代匯集
地　　　址◎台北市大安區忠孝東路4段303號4樓之1	地　　　址◎九龍旺角塘尾道64號 龍駒企業大廈10 B&D室
電　　　話◎02-7733-4070	電　　　話◎852-2783-8102
傳　　　真◎02-7733-4069	傳　　　真◎852-2396-0050
E－m a i l◎frank.spring@msa.hinet.net	
網　　　址◎http://www.bookspring.com.tw	
部　落　格◎http://blog.pixnet.net/bookspring	
郵政帳號◎19705538	
戶　　　名◎春天出版國際文化有限公司	
法律顧問◎蕭顯忠律師事務所	版權所有‧翻印必究
出版日期◎二○二一年七月初版	本書如有缺頁破損，敬請寄回更換，謝謝。
定　　　價◎320元	ISBN 978-957-741-371-0

THE HAVING: The Secret Art of Feeling and Growing Rich
by Suh Yoon Lee and Jooyun Hong
This translation published by arrangement with Harmony Books,
an imprint of Random House, a division of Penguin Random House LLC
through Andrew Nurnberg Associates International Limited.

THE HAVING

THE HAVING